Blankowechsel und Blankoaccept

im

Deutschen Wechselrechte

von

Eberhard Gaupp-Wagener
Doktor der Rechte.

Berlin SW. 48.
Wilhelmstr. 119/120.
J. Guttentag, Verlagsbuchhandlung.
1898.

Inhalt.

I. Theil.

II. Theil.

III. Theil.

Rechtliche Wirkungen.

A. Die wechselmässige Haftung des Blankettzeichners.

B. Der Ausfüllungsvertrag.

Wegen der gebrauchten

Abkürzungen

wird auf die Litteraturangabe Seite 75 Bezug genommen.

I. Theil.

§. 1.

Begriffsbestimmung.

1. Blankowechsel nennt man die Unterschrift des Ausstellers, Blankoaccept die Annahmeerklärung des Acceptanten, wenn die eine oder die andere sich auf einem Wechselblankette findet.[1])

Unter Wechselblanketten nun sind Urkunden zu verstehen, die ohne bereits alle oder auch nur irgend eines der Bestandtheile eines Wechsels (Art. 4, 96 W.O.) zu enthalten, von mindestens einer Person in der Absicht, wechselmässig daraus haften zu wollen, unterzeichnet und dazu bestimmt sind, durch fremde Hand zu vollständigen Wechseln ergänzt zu werden.[2])

Andererseits überträgt der Sprachgebrauch den Namen einer solchen Blankettwechselunterschrift auf das Papier selbst, auf welchem sie angesetzt ist, und man spricht demnach von Blankowechseln und von Blankoaccepten auch, indem man damit Wechselblankette bezeichnet, deren verpflichtender Namenszeichnung die

---

[1]) Blankoaccept bezeichnet in der Sprache der Geschäftswelt auch ein Accept ohne Deckung, ein Kreditaccept (Thöl I §. 342), weswegen Voigt (S. 76 Anm.) für ein solches Wechselblankett die Bezeichnung „Blankettaccept“ vorschlägt. Doch ist der Name „Blankoaccept“ durch die neuere Gerichtspraxis für die hier behandelten Erscheinungen des Wechselverkehres als definitiv eingebürgert zu betrachten.

[2]) Richard Schmidt, Seite 92. Merfeld, Seite 289.

Bedeutung — je nachdem — entweder einer Ausstellerunterschrift oder eines Acceptes innewohnen soll.[1]) Denn der Regel nach findet sich nur entweder ein Accept oder eine Ausstellerunterschrift auf einem Blankette, obwohl deren gleichzeitiges Vorkommen nicht ausgeschlossen ist.[2])

In dem Begriffe des Wechselblankettes ist der des Blankowechsels und Blankoacceptes also enthalten.

Die Verschiedenheiten zwischen einem Ausstellerwechsel und einem Accepte treten zurück vor deren gemeinsamer Eigenschaft als Blankettwechselunterschrift, und diese ist es, welche die eigenthümliche Rechtsstellung dieser Bildungen des Wechselverkehres bestimmt.

2. Wechselblankette sind ihrem Wesen nach zu trennen:

a) von den unförmlichen Wechseln, denen eines der wesentlichen Erfordernisse der Wechselurkunde fehlt, die aber von ihrem Aussteller als vollständige Wechsel gedacht sind und deren Unvollständigkeit auf einen Irrthum oder eine Nachlässigkeit des Ausstellenden zurückzuführen ist.

Im Gegensatz zu solchen Schriftstücken ist es für die Wechselblankette charakteristisch, dass der Blankettzeichner — Blankoaussteller oder Blankoacceptant — beabsichtigt, grade das Fehlen wichtiger Bestandtheile der Urkunde im Wechselverkehre zu verwerthen. Eine solche Verwerthung liegt darin, dass es dem Nehmer des Blankettes resp. dem späteren Wechselgläubiger überlassen werden kann, selbst nach Gutdünken — oder abredegemäss, jedoch erst zu einem späteren Zeitpunkte — die Ausfüllung der noch offen gebliebenen Theile vorzunehmen;

---

[1]) Ausserdem sind auch Aval und Indossament auf Wechselblanketten denkbar. Für das Letztere ist dies mit Unrecht bestritten von Platner, Seite 307, der unter Berufung auf Art. 10 W.O. behauptet, das Indossament setze einen vollgültigen Wechsel zur Zeit seiner Entstehung voraus.

[2]) Vgl. z. B. den dem Erk. des O-Trib. v. 27. IX 64 (Entsch. Bd. 32 p. 235) zu Grunde liegenden Fall.

b) von unfertigen oder unvollständigen Wechseln, deren Ergänzung der Eigner der Unterschrift selbst oder durch einen Vertreter vorzunehmen beabsichtigte. Nur infolge Verlustes oder Diebstahles werden derartige Schriftstücke in den Verkehr gelangen und dann zu Verwechselungen mit Wechselblanketten Anlass geben können;

c) von den Wechselsignaturen in blanco im weiteren Sinne, zu denen auch das Blankoindossament und das nur aus Namensniederschrift auf der Vorderseite des Wechsels bestehende Accept[1]) gehören. Diese beiden accessorischen Wechselakte finden in der Form des Wechsels, dem sie sich substantiel anlehnen, ihren rechtlichen Halt.[2]) Sie sind allerdings in blanco gegeben, aber sie machen die betreffende Urkunde nicht zum Blankett. Denn eine wichtige Eigenschaft des Blankettes fehlt ihnen: die Ergänzungsbedürftigkeit. Weder das abgekürzte Accept noch das Blanko-Indossament hat zu seiner Gültigkeit die nachträgliche Ergänzung der ihm zu einer vollständigen Wechselerklärung fehlenden Bestandtheile nothwendig. Dem Acceptanten resp. Blankoindossanten hat deswegen wohl die Möglichkeit einer späteren Ergänzung seiner Wechselerklärung[3]) vorgeschwebt, er hat dieselbe aber nicht zur Ergänzung bestimmt gehabt.

3. Im Einzelnen sind die Erfordernisse eines Wechselblankettes hiernach die folgenden:

a) dem Schriftstücke muss mindestens Eines der im Art. 4 W.O. aufgezählten Essentialien eines gültigen Wechsels fehlen. Es können ihm aber auch noch alle diese Essentialien abgehen bis auf die verpflichtende Unterschrift. Namentlich das Accept wird häufiger in dieser Weise gegeben: sogenanntes „Reines Blankoaccept“.[4])

---

1) Art. 22 A.D.W.O.

2) Hartmann Seite 106.

3) Art. 13 W.O. (Ausfüllung der Blankoindossamente).

4) Bernstein, Seite 59 Anm.

Ob ein Wechselformular zur Abgabe der Blankett-erklärung benutzt ist oder ein weisses Papier, ist unwesentlich, ebenso wie für die Gültigkeit der vollständigen Wechselurkunde.

b) Es muss sich mindestens eine Namensunterschrift auf dem Schriftstücke befinden, welche in der Absicht, wechselmässig daraus zu haften, geleistet ist, oder auf deren beabsichtigte Geltung als Wechselunterschrift aus sonstigen Umständen geschlossen werden muss. So kann auch ein Zettel mit einer Namenszeichnung, die ursprünglich als Quittung niedergeschrieben war, nachträglich zum Blankoaccept werden,[1]) wenn der Namenszeichner diesen Zettel einem Anderen übergiebt mit der Erklärung, er gebe ihm hiermit ein Blankoaccept und wolle als Blankoacceptant aus dieser seiner Unterschrift haften.

Nicht jedoch ist die Absicht, eine Blankettverpflichtung einzugehen, schon dadurch bewiesen, dass die betreffende Unterschrift auf ein mit Vordruck versehenes Wechselformular gesetzt worden ist, ohne dass noch eine anderweitige Bekundung dazu gekommen wäre.[2])

c) Das Schriftstück muss von dem Unterschriebenen dazu bestimmt sein, durch eine andere Person in seinen noch fehlenden Theilen zu einem vollständigen Wechsel ausgefüllt zu werden. Diese Bestimmung hat von dem Eigner der Blankettunterschrift auszugehen. Sie muss erfolgen durch eine Willenserklärung, welche nicht in dem Papiere selbst ausdrückbar ist, die jedoch in der konkludenten Handlung der Begebung des unterschriebenen Papieres an einen Anderen gesehen werden kann und thatsächlich häufig gesehen wird.[3])

---

[1]) Staub ad Art. 7 W.O. §. 9 Seite 40; Voigt Seite 70.

[2]) Vgl. Richard Schmidt Seite 94 gegen R.G. Bd. 14 Seite 22 und Staub Seite 40, 41.

[3]) R.G. Bd. 2 Seite 100.

d) Was nun den Blankowechsel und das Blankoaccept jedes für sich anbetrifft, so ist nur hinzuzufügen, dass zu den übrigen beiden gemeinsamen Erfordernissen eines Wechselblankettes noch besonders die Nothwendigkeit der Bekundung hinzutritt, ob die betreffende Unterschrift als Ausstellerwechsel oder als Accept gelten solle.

Gewöhnlich wird dies aus der Stellung der Namenszeichnung auf dem Papiere — namentlich auf einem mit Rand versehenen Formulare — ersichtlich sein.

Aber selbst wenn die Absicht, als Acceptant oder Aussteller zu haften, nicht erklärt wäre, bleibt das Papier doch ein Wechselblankett, falls es sonst alle Erfordernisse erfüllt; und die Entscheidung darüber, welche Art von Haftung dem als Wechselschuldner belangten Blankettverpflichteten aufliege, bleibt von den Umständen des einzelnen Falles abhängig.[1])

Als Begriffsbestimmung für den Blankowechsel und das Blankoaccept ergiebt sich somit -- wenn man von der Uebertragung der Namen auf die betreffenden Blanketturkunden absieht und die beiden Bezeichnungen in ihrer ursprünglichen Bedeutung als wechselmässige Verpflichtungserklärungen in blanco (Blankosignaturen) fasst — das Folgende:

> Ein Blankowechsel bezw. ein Blankoaccept ist eine Namenszeichnung auf einem Papiere bezw. Wechselformulare, welches noch nicht alle oder noch gar keine der gesetzlich erforderlichen Bestandtheile eines gültigen Wechsels (Art. 4 96 W.O.) enthält, aber vom Unterschreibenden dazu bestimmt ist, durch fremde Hand zu einem vollständigen Wechsel ergänzt zu werden, gegeben in der Absicht, nach Ausfüllung als Aussteller bzw. Acceptant daraus zu haften.

Im weiteren Verlaufe dieser Abhandlung werden die Bezeichnungen „Blankowechsel“ einer- und „Blankoaccept“ andrer-

[1]) Vgl. R.G. Bd. 12 Seite 118; Staub §. 12 ad Art. 7 Seite 41.

seits nur immer dann gebraucht werden, wenn rechtliche Besonderheiten hervortreten, die sich eben nur entweder an einen Blankowechsel knüpfen in Folge seiner Eigenschaft als Ausstellerunterschrift oder an ein Blankoaccept in dessen Eigenschaft als Acceptantenunterschrift.

Im Uebrigen — d. h. in allen für die rechtliche Natur dieser Papiere grundlegenden Punkten und in der Hauptmasse der rechtlichen Wirkungen — existiren derartige rechtliche Besonderheiten des einen oder anderen Papieres nicht. Deswegen möge es gestattet sein, den Blankowechsel und das Blankoaccept insoweit unter der Bezeichnung Wechselblankett zusammenzufassen.

§ 2.

Praktische Verwendung des Blankowechsels und Blankoacceptes.

Bei der Feststellung des Begriffes der Wechselblankette wurde die Möglichkeit der Verwerthung solcher Bildungen für den Wechselverkehr erwähnt, wodurch dieselben eben im Gegensatze zu unvollständigen oder unförmlichen Wechseln rechtliche Bedeutung gewinnen.

Wenn wir nun die Art und Weise näher ins Auge fassen, in welcher eine solche Verwerthung im praktischen Leben, in der Handels- und Geschäftswelt, sich vollzieht, so ist zunächst darauf hinzuweisen, dass die Verwendung von Wechselblanketten verhältnissmässig noch sehr neuen Datums ist.

Je weiter man in der wechselrechtlichen Literatur zurückgeht, desto spärlicher werden die Notizen darüber. Ganz kurz werden sie von Treitschke in dessen im Jahre 1831 erschienener Encyklopädie[1]) erwähnt, wo von „Offenen Wechseln" gesprochen wird, um damit Wechselblankette zu bezeichnen. Treitschke betont besonders, wie sehr die Begebung solcher „Offener Wechsel" Vertrauenssache sei, und meint, dass höchstens unter Handelsgesellschaftern, von denen der Eine auf Reisen gehe, ein solches Vertrauen vorzukommen pflege.

---

1) Bd. II derselben unter „Offene Wechsel".

Man wird nicht fehlgehen, wenn man der durch die A. D. W. O. endgültig eingeführten allgemeinen Wechselfähigkeit einen bedeutsamen Antheil an der Zunahme der Verwendung von Wechselblanketten zuschreibt. Denn ihr hauptsächliches Gebiet — wenigstens soweit sie wirklich ausgefüllt werden sollen — ist, wie aus allen durch die Gerichtspraxis bekannt gewordenen Fällen hervorgeht, der Kleinverkehr, und zwar spielen nicht selten Privatleute — namentlich solche Personen, die unter der früheren Gesetzgebung der Wechselfähigkeit entbehrten — die Rolle der Blankettzeichner, während ein Geschäftsmann als Nehmer des Blanketts auftritt.

Ueber den in der Gegenwart thatsächlich bestehenden Umfang der Verwendung von Blanketten herrscht merkwürdigerweise in der Juristenwelt keineswegs sichere Kenntniss und man begegnet sehr verschiedenen Annahmen darüber.[1]) Es ist dies um so beachtenswerther, als in der Materie der Wechselblankette, welche gesetzlich in Deutschland nicht geregelt ist, die Rechtsprechung in besonders hohem Grade geneigt sein wird, auf die Bedürfnisse des Verkehres in ihren Entscheidungen Rücksicht zu nehmen.

So stützt das frühere Mitglied des Reichsoberhandelsgerichtes Voigt in Hamburg[2]) seine Angriffe gegen die Praxis der höchsten deutschen Gerichtshöfe in Sachen der Blankoaccepte wesentlich auf die seiner Ansicht nach irrige Meinung jener Gerichte über die Bedeutung und das Ansehen, welches derartige Papiere im Geschäftsverkehre genössen.

Ehe hier eine Darstellung der verschiedenen Verwendungsarten der Blankette versucht wird, ist vorauszuschicken, dass das Blankoaccept in seiner praktischen Bedeutung den Blankowechsel bei weitem überragt, ungefähr in demselben Verhältnisse, wie der

1) Einen gewissen Anhalt gewährt die Statistik des Reichsanzeigers über die aufgebotenen Wechselpapiere. Nach derselben war von den vom I. X. 1879 bis zum 1. I. 1886 aufgebotenen Papieren der zehnte Theil Blankette. (Merfeld Seite 290 Anm. 19.)

2) Voigt Seite 79 fg.

gezogene Wechsel — die Tratte — häufiger ist, als der Sola- oder Eigenwechsel. Denn bei einem Blankowechsel — soweit er vorkommt — handelt es sich so gut, wie immer, um einen trockenen Wechsel, da die Ausstellung einer Tratte in blanco kaum angänglich erscheint. In der Regel wird nämlich der Trassant dem Trassaten (späteren Acceptanten) gegenüber durch das Valuta- oder Deckungsverhältniss engagirt sein und sich nicht in der Lage befinden, dem Remittenten die selbständige Ausfüllung einzelner Theile der Wechselurkunde zu überlassen.

Das Blankoaccept also ist der eigentliche Typus jener Bildungen des modernen Wechselverkehres, mit denen die vorliegende Abhandlung sich beschäftigen will, und mit ihm vorzugsweise hat auch die Rechtssprechung seither sich zu befassen gehabt.

Trotzdem aber erscheint begrifflich das Blanko-Accept vom Blankowechsel — wie oben gezeigt — untrennbar, und in einer rein theoretischen Erörterung über das rechtleihe Wesen und die rechtlichen Wirkungen dieser Bildungen des neueren Wechselverkehrs wird man füglich von beiden Formen: von den „Wechselblanketten“ im Allgemeinen zu sprechen haben.

Die wichtigsten Fälle der Verwendung von Wechselblanketten bezw. Blanko-Accepten sind nun folgende:

1. sie dienen zum Zwecke der Aufnahme eines Darlehens und zwar in doppelter Weise:

a) Im Interesse des Blankettnehmers.

B. wünscht ein Darlehen sich zu verschaffen gegen eine Bürgschaft des A. Zu diesem Zwecke giebt ihm A. ein von ihm unterschriebenes Blanko-Accept, welches B. dann mit der betreffenden Summe — in der Höhe des Darlehens — ausfüllt und an C., seinen Darlehensgeber, indossirt.

Es ist dieses die Form, in welcher man von dem Blankoaccept als einem „Gefälligkeitsaccepte“ spricht.

b) Im Interesse des Blankettgebers.

A. will ein Darlehen aufnehmen durch Vermittelung

des B.[1]) von einem Dritten und giebt zu diesem Zwecke dem B. ein von ihm, dem A., unterzeichnetes Blanko-Accept

Dieser Fall besonders wird leicht zu wucherischen Zwecken ausgebeutet und er ist es besonders, welcher dem Worte „Blanko-Accept“ unter den Kundigen einen fatalen Beigeschmack verliehen hat.

Diese Fälle verweisen die Anwendung von Wechselblanketten durchaus in das Gebiet des „Kleinverkehres“ Denn grosse Handlungshäuser und Banken pflegen sich mit derartigen Angelegenheiten nicht zu befassen.[2]) Es sind nun aber grade die eben angeführten Fälle, aus denen verhältnissmässig am Häufigsten Wechsel-Forderungen, welche sich auf Blankounterschriften zurückführen lassen, klagbar gemacht werden.

2. Sie werden als Sicherheitsleistung gegeben.

Eine Ausfüllung und Ausgabe in den Wechselverkehr ist hierbei nicht der Zweck der Ausstellung des Blankettes, sondern höchstens die als möglich gedachte Folge derselben, und sie findet folglich verhältnissmässig nur selten wirklich Statt.

Solche Fälle[3]) finden sich

a) im sogenannten „Waarenverkehre.“

A. benöthigt in seinem Geschäftsbetriebe für ein Bauunternehmen z. B. Lieferungen von Materialien in unbestimmter Werthhöhe. Hier verlangt B., der betreffende Lieferant, die Ausstellung eines von A. unterzeichneten Blankoacceptes entweder auf eine bestimmte Pauschalsumme oder mit fehlender Summenangabe.

---

1) Hierbei ist A. gewöhnlich ein Angehöriger der höheren Gesellschafts klasse und B. ein Geldmann bedenklichen Charakters.

2) Voigt a. a. O.

3) Die hier folgenden Ausführungen gründen sich auf Informationen, welche vom Verfasser bei einem der grössten Berliner Bankinstitute eingezogen sind.

Wickeln sich die Geschäfte zwischen A. und B. glatt ab, so macht B. von seinem Ausfüllungs- und Begebungsrechte keinen Gebrauch. Er kann aber jederzeit mit Hülfe des Acceptes sich Geld verschaffen, ohne sich auf Erörterungen über die Höhe der Forderungen einlassen zu müssen.

b) als eine Form von Kautionsleistung.

B. schenkt dem A. in irgend einer Weise sein Vertrauen, subventionirt z. B. ein Unternehmen des A., dessen Erfolg noch unsicher u. s. w. Auch hier pflegt A. ein Wechselblankett zu unterzeichnen, welches in diesem Falle ebensogut ein Blankowechsel wie ein -Accept sein kann, und es dem B. auszuhändigen.

Derartige Wechselblankette werden auch häufig von beiden Kontrahenten gemeinsam bei einer Bank deponirt, um den Blankettzeichner seinerseits gegen eine missbräuchliche Benutzung zu sichern, in der Meinung, dass sie nur als pièce de résistance für den Fall der Gefahr dem Gläubiger zur Verfügung stehen sollen.

In diesem Falle natürlich wird kaum die Summe oder der Zahlungstag in blanco gelassen werden. Ueberhaupt besteht in den zuletzt genannten Fällen der Sicherheitsleistung durch Wechselblankette deren wirthschaftlicher Werth weniger in der Verfügungsfähigkeit des Nehmers über wichtige Essentialien des Wechsels (wie Summe oder Zahlungstag), als in der negativen Thatsache, dass die Wechselblankette eben noch keine gültigen Wechsel sind, und die Haftungsgefahr für den Blankettzeichner somit nur erst eine eventuelle — von seinem Verhalten dem Gläubiger gegenüber abhängige — ist.

Die Verwendung von Wechselblanketten zu derartigen Zwecken der Sicherheitsleistung bietet in Deutschland den Betheiligten auch noch den Vortheil, dass im regelmässigen Falle, d. h. dem der Nichtausfüllung, ein Wechselstempelbetrag niemals fällig wird, da ein solcher nur von vollständigen Wechseln, ehe sie in den Verkehr gehen, zu entrichten ist.[1]) — Bekanntermassen trägt dieser Umstand nicht wenig dazu bei, eine solche Art der Verwendung beliebt zu machen.

3. Das Blankoaccept dient dazu, die Zeitfolge der Wechselverpflichtungen, nach welcher bei der gewöhnlichen Tratte der Aussteller sich vor dem Acceptanten verpflichtet, umzukehren.

Der Aussteller sendet die noch nicht unterschriebene Tratte dem Acceptanten zum Accept, um sich des Acceptes vor Ansetzung der eigenen Unterschrift zu versichern. Es kann dies für ihn sehr werthvoll sein, namentlich, wenn der Acceptant ihm unsicher erscheint.[2])

In solchem Falle ist natürlich nur die Ansstellerunterschrift vakant, während alle anderen Erfordernisse auf dem Blankette sich befinden. Aus der oben (Seite 12) erwähnten Statistik geht nun hervor, dass bei Weitem die meisten Aufgebote solche Papiere betrafen, denen nur der Name des Ausstellers fehlte.[1]) Aus dieser Thatsache erklärt sich der verhältnissmässig hohe Prozentsatz (10 %) von Blanketten unter den zum Aufgebot gekommenen Wechselpapieren.[3]) Denn einmal ist erst durch die Versendung der Urkunde zum Acceptanten die Möglichkeit des Abhandenkommens in weiterem Umfange gegeben, und zweitens ist nur diese Art der Verwendung der Wechselblankette als einigermassen häufig anzusehen.

Die Unsicherheit des Acceptanten, welche hier als Hauptmotiv der Blankettbenutzung erscheint, weist wiederum auf den Kleinverkehr hin als diejenige Sphäre, in welcher die Wechsel-Blankette zu Hause sind. —

---

[1]) Vgl. §. 6 des R.Ges. über d. Wechselstempelsteuer v. 10. VI. 1869.

[2]) Merfeld Seite 290.

[3]) Merfeld Seite 297.

Hiermit dürften die einigermassen regelmässig vorkommenden Anwendungsfälle von Wechselblanketten erschöpft sein, obwohl man gegenüber der Vielgestaltigkeit des Wechselverkehrs im heutigen Wirthschaftsleben nicht wagen kann, hier abschliessend zu urtheilen. Die Kenntnisse über die Verwendung beruhen eben einfach auf der bisherigen Erfahrung. Niemand weiss aber, ob nicht neue Bahnen des wirthschaftlichen Lebens neue Anwendungsformen zeitigen werden. Um so nothwendiger will eine endgültige gesetzliche Regelung dieser Materie erscheinen, welche im deutschen Rechte bisher noch fehlt.

§. 3.

Zulässigkeit des Blankowechsels und Blankoacceptes nach deutschem Wechselrechte.

Im Auslande hat die steigende Bedeutung der Wechselblankette im Verkehre schon zum Theile zur gesetzlichen Regelung der aus denselben sich ergebenden Fragen geführt. So sind insbesondere in die 1882 erlassene Englische Wechsel-Ordnung (sect. 20) Bestimmungen über Blankowechselunterschriften aufgenommen.[1])

Ebenso weist die ungarische Wechselordnung im §. 93 und der russische Entwurf im §. 145 solche auf.[2])

Die A.D.W.O. schweigt über Wechselblankette völlig und zwar nicht absichtlich, wie über manche andere Punkte, welche z. B. dem Prozessrechte überlassen werden sollten, sondern man hat — was aus den Verhandlungen der Leipziger Kommission von 1847 bis 1849 über die einschlägigen Artikel hervorgeht — einfach an die Wechselblankette nicht gedacht, eine Thatsache, die gegenüber deren heutiger Bedeutung erstaunlich erscheint, aber für die damalige Zeit durchaus begreiflich ist. Denn, wie schon oben[3]) hervorgehoben, sind erst in neuester Zeit und speziell nach Einführung der A.D.W.O. die Blankette im Wechselverkehre mehr und mehr üblich geworden.

---

1) Späing Seite 285 ad Art. 82.

2) Vgl. Wächter Seite 134, 135.

3) Oben §. 2.

Nun hätte sich eine Praxis über die rechtliche Behandlung der Blankette neben dem neuen Wechselgesetze als Gewohnheitsrecht weiterbilden[1]) können, wenn nicht ein Artikel dieses neuen Gesetzes eine Auslegung ermöglicht hätte, nach welcher Wechselblanketten jede wechselrechtliche Wirkung zu versagen sein würde.

Es ist dies der vielumstrittene Art. 7 der A.D.W.O.

Mit diesem Art. 7 sich abzufinden, scheint unumgänglich nothwendig, bevor man in eine nähere Erörterung der juristischen Natur der Wechselblankette eintritt.

Die Wechselblankette sind eine Bildung des Wechselrechtes, ihr wirthschaftlicher Werth beruht, wie oben gezeigt, auf der Möglichkeit ihrer Ergänzung zu vollständigen gültigen Wechseln. Aus diesem Grunde ist Eine Frage vor allen Anderen zu beantworten: Können Blankowechsel und Blankoaccept jemals zu gültigen Wechseln werden? oder anders ausgedrückt: Können wechselrechtliche Wirkungen aus ihnen resultiren, und sind sie somit als Formen des Wechselverkehres zulässig?

Der Bejahung dieser Frage schien der Art. 7 der A.D.W.O. entgegenzustehen.

Derselbe lautet in seinem ersten und zweiten Absatze folgendermassen:

> „Aus einer Schrift, welcher eines der wesentlichen Erfordernisse eines Wechsels (Art. 4) fehlt, entsteht keine wechselmässige Verbindlichkeit.
>
> Auch haben die auf eine solche Schrift gesetzten Erklärungen (Indossament, Accept, Aval) keine Wechselkraft."

Sofort nach Emanation der A.D.W.O. trat eine Tendenz in der Rechtsprechung hervor, welche auf Grund dieses Art. 7 die Blanko-Accepte — um solche handelte es sich wieder vor Allem — für unverbindlich erklären wollte.

---

1) Die Zulässigkeit von Gewohnheitsrecht praeter legem wird für das deutsche Wechselrecht fast allgemein anerkannt. Vgl. Hartmann Seite 58 Dernburg Seite 726; Kommentare von Staub, Bernstein, Rehbein u. A.

„Ein Accept sei wirkungslos, wenn dasselbe früher auf den Wechsel gebracht worden sei, als die Unterschrift des Ausstellers,“

sagte z. B. der Oesterreichische Oberste Gerichtshof in einer Entscheidung vom 12. II. 1852,[1]) welche es mit Hinweisung auf den Wortlaut des Art. 7 der W.O. begründete.

Ueberhaupt war es die Praxis der österreichischen Obersten Gerichte, welche diese sogenannte „Einrede des Blankoacceptes“ gegen die Klage aus dem vollständigen gültigen Wechsel als gegen Jeden, auch den gutgläubigen Inhaber durchgreifend einführen wollte. Im Gegensatze dazu stand von Anfang an das Preussische Obertribunal, welches eben diese Einrede ebenso konstant verwarf.[2])

In der Litteratur erhoben sich verschiedene Stimmen für die preussische, gegen die österreichische Praxis. So Borchardt[3]) und Kitka;[4]) und schon im Jahre 1853 wurde der Streit gerade für Oesterreich endgültig im Sinne der preussischsn Praxis entschieden durch die Verordnung des Oesterreichischen Justizministeriums vom 6. Februar 1853 zur Erläuterung des Art. 7 und Art. 82 der A.D.W.O.

In derselben heisst es: „die Einwendung, die Acceptation sei auf ein Blankett gesetzt worden, welches erst später ausgefüllt sei, findet gegen den redlichen dritten Inhaber überhaupt nicht statt; gegen den, welcher an der nachträglichen Ausfüllung theilnahm nur dann, wenn erwiesen wird, dass mit der noch unausgefüllten Urkunde durch eine unbefugte oder der getroffenen Verabredung zuwiderlaufende Ausfüllung ein rechtswidriger Gebrauch gemacht worden sei.“[5])

---

1) Archiv f. W.R. Bd. III Seite 383.

2) Vgl. über diesen Gegensatz: Platner, Archiv IV Seite 307.

3) Archiv f. W.R. Bd. III Seite 383 fg.

4) Archiv Bd. IV Seite 124 fg.

5) Archiv Bd. IV Seite 113.

Hier interessirt nur der erste Satz dieser Verordnung, aus welchem mit Sicherheit hervorgeht, dass Blankoaccepte an und für sich gültig sein sollten.

Seit dem Jahre 1858 erhielt gedachte Verordnung auch für das deutsche Wechselrecht im engeren Sinne Bedeutung, indem nämlich die Nürnberger Kommission zur Berathung eines Handelsgesetzbuchs in einer der Verhandlungen, welche der Erledigung wechselrechtlicher Kontroversen gewidmet waren,[1]) sich auf jene österreichische Verordnung stützte, als sie die oben erwähnte „Einrede des Blankoacceptes" für unzulässig zu erklären beschloss.

Dieser quasi authentischen Interpretation des Art. 7 unterwarf sich die Praxis,[2]) und auch in der Wissenschaft sind seitdem kaum noch Stimmen im entgegengesetzten Sinne laut geworden.[3])

Prüft man nun den Art. 7 der A.D.W.O. auf die Frage, ob er der Zulässigkeit von Wechselblanketten entgegenstehe, so gelangt man allerdings zu demselben Resultate, wie die jetzt herrschende Meinung, dass dieses nämlich nicht der Fall sei:

A. Für den Blankowechsel.

Aus dem ersten Satze des Art. 7

> „Aus einer Schrift, welcher eines der wesentlichen Erfordernisse eines Wechsels (Art. 4) fehlt, entsteht keine wechselmässige Verbindlichkeit"

geht hervor, dass die Entstehung einer wechselmässigen Verbindlichkeit bedingt sein soll durch die Existenz einer den Erfordernissen des Art. 4 entsprechenden Urkunde. Damit ist jedenfalls nicht ausgeschlossen, dass die Schaffung dieser Urkunde sich erst vollendet, nachdem die Wechselsignatur bereits abgegeben worden. Nur soviel steht nach dem Art. 7 Absatz 1 fest, dass, solange eine

---

1) Nürnberger Protokolle Seite LVIII.

2) O Tr. Bd. 52 Seite 238; Bd. 53 Seite 216; O.H.G. Bd. 6 Seite 48.

3) Zuletzt Platner Archiv IV und Hoffmann W.O. Seite 220, 221 auf Grund des Wortlautes des Art. 7.

solche Urkunde nicht vorhanden, eine wechselmässige Verbindlichkeit noch nicht existent geworden ist.

Auf diese letztere Folgerung wird im weiteren Verlaufe dieser Abhandlung noch zurückzukommen sein.

An dieser Stelle unserer Abhandlung ist nur das Resultat wichtig, dass die nachträgliche Ergänzung eines Anfangs ungültigen Wechseltorsos auch in Ansehung des Art. 6 von rechtlicher Bedeutung sein kann. Allerdings nur unter Umständen. Mangelhafte Wechsel, welche aus Irrthum oder einem anderen Grunde in den Verkehr gelangt sind, werden durch eine Ergänzung der mangelhaften oder fehlenden Bestandtheile keineswegs gültig, es sei denn, dass die Vervollständigung unter der Zustimmung sämmtlicher Wechselbetheiligten erfolge.[1]) Auf diese mangelhaften Wechsel bezieht sich ohne Zweifel der Art. 7; ihnen ist mit der Bestimmung, dass wechselmässige Verbindlichkeiten aus einer unvollständigen Urkunde nicht entstehen, bis auf seltene Ausnahmefälle die Möglichkeit, als Wechsel rechtlich wirksam zu werden, abgeschnitten. Anders verhält es sich mit Wechselblanketten in dem im §. 1 festgestellten Sinne. Dieselben sind dazu bestimmt, nachträglich ergänzt zu werden. Dass aus der auf ihnen befindlichen Signatur nach dem Art. 7 vor der Ergänzung noch keine wechselmässige Verbindlichkeit entstanden ist, berührt diese Blankette in ihrem wirthschaftlichen Werthe ganz und gar nicht.

B. Für das Blankoaccept.

Wenn man nach Obigem ein Argument gegen die Wechselkraft einer auf einem ergänzten Wechselblankett befindlichen Ausstellerunterschrift in dem ersten Satze des Art. 7 nicht finden kann, so ergiebt sich ein solches ebensowenig aus dem zweiten Satze des Art. 7 in Betreff des Blankoacceptes.

Wenn es dort heisst:

„Die auf eine solche Schrift gesetzten Erklärungen haben keine Wechselkraft“, so ist damit nur die logische Konsequenz

---

[1]) R.O.H.G Bd. 9 Seite 263 fg.; R.G. Bd. 32 Seite 70.

des ersten Satzes gezogen. Wenn aber die Ergänzung der unvollständigen Schrift nicht ausgeschlossen ist und dann daraus eine wechselmässige Verbindlichkeit entstehen kann, so darf auch der zweite Satz nicht dahin verstanden werden, dass die auf eine solche Schrift gesetzten Erklärungen nicht unter veränderten Umständen Wechselkraft gewinnen könnten.

Aus den zum §. 8 des Preussischen Entwurfes, dem jetzigen Art. 7 der Deutschen Wechselordnung, in der Leipziger Konferenz von 1847 gepflogenen Berathungen[1]) geht klar hervor, dass man bei diesem Artikel stets nur die mangelhaften Wechsel vor Augen hatte und speziell mit dem zweiten Satze zu verhindern beabsichtigte, dass der Acceptant oder Indossant eines solchen Schriftstückes seiner Unterschrift durch eigenmächtige Ergänzung der unvollständigen Urkunde Wechselkraft zu verleihen im Stande sei.

Nur in diesem Sinne wurde, wie das Reichsoberhandelsgericht in der Entscheidung,[2]) in welcher es sich eingehend zu Gunsten der Gültigkeit von in blanco abgegebenen Accepterklärungen ausspricht, hervorhebt, in der Konferenzberathung der Satz: „quod ab initio nullum est, tractu temporis convalescere nequit“ zur Vertheidigung des Art. 7 geltend gemacht.

Wie schon gesagt, vertritt die neuere Litteratur eben diesen Standpunkt.

Nur Beseler[3]) macht eine Ausnahme.

Und zwar will er das Blankoaccept anders behandeln als den Blankowechsel.

Nachdem er die Gültigkeit von Wechselunterschriften auf Blanketten allgemein anerkannt hat, will er sie für den Fall des Blanko-Acceptes doch ausschliessen; denn die Annahme (Accep-

---

[1]) Protokolle d. Leipziger Wechselordnungs-Konferenz ad §. 8, Thöl'sche Ausgabe Seite 19, 20; Seite 245, 246. Vgl. auch Borchardt in Archiv III Seite 383 fg.

[2]) R.O.H.G. Bd. 6 Seite 44 fg.

[3]) Beseler, Deutsches Privatrecht II Seite 986, 987.

tation) sei ein selbstständiges Rechtsgeschäft, welches den gültigen Wechsel voraussetze.

Dass die Annahme den gültigen Wechsel voraussetze, könnte auf den ersten Blick nach der Fassung der auf die Präsentation zur Annahme und auf die Annahme selbst bezüglichen Bestimmungen der Wechsel-Ordnung (Art. 18--24) als das Natürliche erscheinen. Dennoch ist Beseler im Unrecht, denn gerade der Umstand, den er für seine Ansicht anführt, dass nämlich die Acceptation ein selbstständiges Rechtsgeschäft sei, beweist gegen ihn. Eben weil sie dies ist — und das erhellt mit Deutlichkeit aus den Bestimmungen der Art. 3 und 75 A.D.W.O., nach welchen der wechselfähige Acceptant aus seiner echten Unterschrift haftet, auch wenn die Verpflichtung des Ausstellers wegen mangelnder Wechselfähigkeit oder wegen Fälschung nicht existent geworden ist —, steht durchaus Nichts dem entgegen, dass auch der Acceptant die Initiative ergreife, um sich einem Anderen, dem späteren Aussteller resp. Remittenten, wechselmässig zu verpflichten. Um seinen Willen, als Acceptant zu haften, deutlich erkennbar zu machen, bedarf es nicht einer schon fertig vorliegenden Wechselurkunde, auf die er nur seinen Acceptationsvermerk zu schreiben hätte, sondern er kann diesen Willen auch auf andere Weise erklären, z. B. durch Begebung seines Blanko-Acceptes. Denn die Annahmeerklärung ist eben ein selbstständiges Rechtgeschäft, und zwar eine Wechselerklärung, welche durch den Willen des Verpflichteten unter Beobachtung der gesetzlich vorgeschriebenen Formen Wirksamkeit erlangt.

Wie sich aus diesen Darlegungen ergiebt, ist also dem Inhalte und Geiste der Wechselordnung gegenüber die Möglichkeit nicht zu bezweifeln, dass eine in blanco abgegebene Ausstellerunterschrift oder ein ebensolches Accept wechselmässige Verpflichtungskraft gewinnen kann, und es ist die Zulässigkeit der Wechselblankette für das Deutsche Wechselrecht somit anzuerkennen.

II. Theil.

§. 4.

Rechtliche Natur.

I.

A. Wenn eine Untersuchung über die Zulässigkeit der Blankowechsel und Blankoaccepte nach deutschem Wechselrechte dazu führte, die Möglichkeit, dass aus derartigen Wechselerklärungen wechselmässige Verpflichtungen entstehen können, anzuerkennen, so liegt hierin zugleich die für die Erkenntniss der rechtlichen Natur des Blankowechsels und Blankoacceptes wichtige Feststellung, dass dieselben an und für sich jedenfalls eine wechselmässige Verpflichtung noch nicht erzeugen.

Wechselblankette sind noch keine vollständigen Wechsel und die Wechselobligation ist als Formalobligation an die Erfüllung bestimmter gesetzlicher Formalien gebunden. Diese Formalien bestehen in der Herstellung einer Wechselurkunde, deren wesentliche Bestandtheile im Art. 4 A.D.W.O. aufgezählt sind.

Wie oben (§. 1) bei der Bestimmung des Begriffes der Wechselblankette ausgeführt, muss dem Schriftstücke, welches einen Blankowechsel oder ein Blankoaccept darstellen soll, stets mindestens Einer jener Bestandtheile der Wechselurkunde fehlen.

Hieraus folgt, dass durch die blosse Ausstellung eines Blankowechsels oder Blankoacceptes jedenfalls niemals eine Wechselobligation geschaffen werden kann.[1])

---

[1]) R.G. Bd. 2 Seite 90.

Dieses Resultat ist ganz unabhängig davon, welcher der Theorien über das Zustandekommen der Verpflichtung des Wechselschuldners man beipflichten will. Denn ob Vertrag oder einseitiger Kreationsakt: das Vorliegen einer fertigen Wechselurkunde ist nach dem Wortlaute des Art. 7 A.D.W.O. jedenfalls zur Gültigkeit der wechselmässigen Verpflichtung unentbehrlich.

Es ist andrerseits unzweifelhaft, dass Blankoaccepte und Blankowechsel stets nur durch die Beziehung auf eine Wechselobligation — und zwar eine in der Zukunft ins Leben zu rufende — rechtliche Bedeutung gewinnen.[1]) Sie sind Vorstufen zu vollständigen gültigen Wechseln: Denn einmal enthalten sie bereits Bestandtheile, die dem künftigen Wechselbriefe unentbehrlich sind — d. h. mindestens eine Aussteller- bezw. Acceptantenunterschrift — und zweitens sind sie begleitet von einer Willenserklärung des Unterzeichners, welche eine Ergänzung der fehlenden Bestandtheile und somit die Umwandlung des Blankettes in einen gültigen Wechsel ermöglicht.

B. Vom Standpunkte der sogenannten Vertragstheorie aus sind diese Elemente eines Wechselblankettes schwer zu erklären.

Der thatsächliche Vorgang der Abgabe der Unterschrift des Blankettverpflichteten als der des Ausstellers oder Acceptanten, sowie eine etwaige weitere Gestaltung der Blanketturkunde erscheint für den Abschluss des Wechselvertrages bedeutungslos. Denn nur durch Geben und Nehmen einer formgerechten Wechselurkunde soll ein solcher Vertrag geschlossen werden. Ebensowenig kann die Ertheilung der Ausfüllungsbefugniss für die offenen Theile des Blankettes in ihrer rechtlichen Natur richtig erkannt werden, wenn man an der vertragsmässigen Entstehung der Wechselobligation festhält.

Man hat in der Uebergabe eines Blankoacceptes seitens des Acceptanten an eine andere Person eine Offerte zur Eingehung des Wechselvertrages finden wollen.[2]) Die Ausfüllung der fehlenden

[1]) R.G. Bd. 14 Seite 94.

[2]) R.G. Bd. 21 Seite 329; R.G. Bd. 2 Seite 91.

Theile durch den Nehmer des Blankettes bedeute dann die Annahme dieser Offerte.

Dies ist offenbar verfehlt.

Mit Recht scheidet Sohm, wenn er in dem Ausstellen eines Ordrewechsels eine Vertragsofferte ad incertam personam erblickt,[1]) den Fall des Wechselblankettes ausdrücklich hiervon aus. Es heisst dort: „Der Aussteller des Wechsels schreibt z. B. seinen Namen, damit der Empfänger den Wechsel zu seinen Gunsten ausfülle. Hier liegt keine Blankoofferte, sondern überhaupt noch keine fertige Offerte vor. Hier handelt es sich nicht um eine fertige Offerte ad incertam personam, sondern um den Anfang einer Offerte ad certam personam, um eine Willenserklärung, welche erst vollendet wird, wenn die Ausfüllung erfolgt ist.“[2])

Also nicht die Annahme einer Offerte bedeutet die Ausfüllung des Blankettes durch den Nehmer, sondern durch diese Ausfüllung wird überhaupt erst eine formgerechte Urkunde hergestellt, durch deren Uebereignung nach der Ansicht der Anhänger der Vertragstheorie der Wechselvertrag geschlossen werden soll.

Was nun aber die Uebergabe eben dieser unfertigen Urkunde mit der Ermächtigung, dieselbe zu vervollständigen, rechtlich bedeute, bleibt auf diese Weise unerklärt.

Einleuchtender erscheint die Auffassung, die in dem Abkommen zwischen Blankettzeichner und Blankettnehmer hinsichtlich der Ausfüllung ein pactum de cambiando, einen Wechselvorvertrag erblicken will. Es ist diese Meinung vom Reichsgericht und Reichsoberhandelsgericht wiederholt ausgesprochen worden.[3])

Ein Vertragsschluss muss in der Uebergabe des Blankettes mit dem Ausfüllungsrechte allerdings gesehen werden. Es ist ein Vertrag, der die definitive Begründung der Wechselobligation zu fördern bestimmt ist, insofern also ein pactum de cambiando zu

---

1) Sohm, Vertragsschluss unter Abwesenden und mit einer persona incerta, Goldschmidt's Zeitschrift Seite 73.

2) Sohm a. a. O. Seite 79, 80.

3) R.G. Bd. 8 Seite 58; Bd. 3 Seite 61; R.O.H.G. Bd. 21 Seite 326, 327.

nennen wäre. Derselbe hat doch aber einen wesentlich anderen Charakter, als ein gewöhnlicher Wechselvorvertrag des Inhaltes, dass A. dem B. sich verpflichtet, ihm unter gewissen Modalitäten einen Wechsel zu geben. Denn der Abschluss dieses Ausfüllungsvertrages hat zur Voraussetzung den Uebergang des Besitzes an einem Wechselblankette von dem einen Kontrahenten an den anderen. Und ein solches Wechselblankett enthält doch schon sehr wichtige (das Blankoaccept meistens mit Ausnahme der Unterschrift des Ausstellers bereits alle) Bestandtheile des künftigen Wechsels. Nicht um Abschluss eines künftigen Wechselgeschäftes handelt es sich bei diesem Vertrage, sondern um die Uebertragung der Berechtigung, die noch fehlenden Essentialien der Wechselurkunde an Stelle des ersten Wechselverpflichteten (Blankoacceptanten oder Blankoausstellers) auszufüllen.

II.

Zu einer richtigen Anschauung des rechtlichen Vorganges, der sich durch die Eingehung einer Wechselverpflichtung in blanco, — wenn man will, durch die Kreation eines Wechselblankettes — vollzieht, kann man nur kommen, wenn man zunächst sich klar macht, dass zwei gleich wichtige aber wesentlich von einander in ihrer Natur und in ihren Wirkungen abweichende Rechtshandlungen bei der Wechselblankettkreation in einander greifen. Es ist allerdings ein einheitlicher Willensakt, der die Blankettverpflichtung ins Leben ruft; zur Aeusserung dieses Willens jedoch sind zwei verschiedene Rechtshandlungen erforderlich:

1. die Herstellung einer Blanketturkunde,
2. die Uebertragung des Ausfüllungsrechtes.

ad 1. Der erste Punkt, die Herstellung einer Blanketturkunde, ist zwar, wie oben gezeigt, zunächst ohne rechtliche Wirkung. Denn ein Blankett ist noch kein formgerechter Wechsel; doch kann durch Ergänzung der fehlenden Theile durch einen dazu Berechtigten jederzeit ein gültiger Wechsel daraus werden, und indem der Blankoaussteller oder Blankoacceptant weiterhin seinen Willen zu erkennen giebt, die offenen Theile der Urkunde durch einen Anderen in bestimmter oder in üblicher Weise ausgefüllt zu sehen, gewinnen die Unterschrift und die ausgefüllten Theile des Blankettes doch eine sehr grosse rechtliche Bedeutung. Sie sind Essentialien eines in der Kreation begriffenen Wechsels; und mehr noch: die Rechtshandlung der Ansetzung der Unterschrift des Blankoausstellers oder des Blankoacceptanten nebst der weiteren Gestaltung der Wechselurkunde, soweit er sie selbst auszufüllen gewillt ist, erscheint vom Standpunkte der Kreationstheorie aus als der Beginn des Kreationsaktes selber, der im Falle des Blankowechsels und Blankoacceptes nicht — wie gewöhnlich — in einheitlicher Niederschrift durch den Wechselschuldner sich vollzieht, sondern in zwei Theile auseinandergezogen wird. Der Wechselschuldner kreirt zunächst das Blankett und überträgt darauf das Recht, die Ergänzung desselben zu einem vollständigen Wechsel vorzunehmen, — d. h. also die Kreation der Wechselurkunde zu vollenden — einem Anderen.[1])

Trotzdem nun aber die endgültige Kreation der Wechselurkunde noch aussteht, stellt die Herstellung des Blankettes mit Uebernahme der Verpflichtung, nach geschehener Ausfüllung wechselmässig aus der gegebenen Unterschrift zu haften, doch für den Blankettschuldner eine in sich abgeschlossene wechselrechtliche Handlung dar. Er hat zwar den Wechsel noch nicht kreirt, doch „es ist“ — wie das Reichsgericht vollkommen zutreffend sagt[2]) — „durch ihn Alles geschehen. was seinerseits zur Begründung der Wechselobligation erforderlich ist.“

Deswegen muss er dem Wechselverkehre gegenüber die Gefahr wechselmässiger Haftung auch jetzt schon tragen und jederzeit gewärtig sein, aus der ausgefüllten Urkunde in Anspruch genommen zu werden.[3]) Man könnte sagen, die Wirksamkeit der

---

[1]) Vgl. Richard Schmidt a. a. O Seite 96.

[2]) R.G. Bd. 8 Seite 58.

[3]) Vgl. unten §. 5.

wechselmässigen Verpflichtung des Blankettzeichners sei einstweilen noch suspendirt,[1] bis sie durch einseitigen selbständigen Akt einer dritten Person endgültig begründet wird.

Für den Ausfüllungsberechtigten andrerseits, der in Folge des ihm übertragenen Ausfüllungsrechtes die Möglichkeit des rechtsgültigen Erwerbes der Wechselforderung jederzeit in der Hand hat, besteht während der Existenz des Wechselblankettes eine Potestativbedingung, die der endgültigen Begründung der Wechselobligation im Wege steht.[2]

ad 2. Welche rechtliche Natur hat nun zweitens die Uebertragung der Ausfüllungsbefugniss durch den Blankettverpflichteten an den späteren Gläubiger des Wechsels?

Zunächst ist ohne Weiteres klar, dass dieses Verhältnis durchaus einen civilrechtlichen Charakter hat. Die Bestimmungen des Wechselrechtes beziehen sich nur auf die Erfordernisse und Rechtswirkungen von Wechseln. Hier handelt es sich aber um die Uebereinkunft zwischen zwei Personen bezw. um den Erwerb eines Rechtes zur Vornahme einer Rechtshandlung. Dass diese Rechtshandlung des Berechtigten die Kreation einer Wechselurkunde vollendet, sowie dass beide Kontrahenten unter Umständen später als Wechselgläubiger und Wechselschuldner sich gegenübertreten, ändert an dem civilrechtlichen Charakter der fraglichen Uebereinkunft nichts. Auch die Wechselverträge (pacta de cambiando) sind als civilrechtlicher Natur anerkannt, und die A.D.W.O. schweigt über dieselben.[3]

Wodurch vollzieht sich nun die Uebertragung der Ausfüllungsbefugniss? Bernstein[4] bemerkt mit Recht, es sei nicht unbedingt ein Vertrag dazu erforderlich, sondern auch ein anderer Rechtstitel, z. B. eine legatarische Zuwendung des vom Erblasser zu diesem Zwecke ausgestellten Blankettes müsse genügen. That-

---

1) R.O.H.G Bd. 6 Seite 46.

2) Ebenso Lehmann, Wechselrecht, Seite 406 Anm. 5.

3) Thöl II, §. 51 Anm. 1.

4) Bernstein, W.O. Seite 60.

sächlich wird sich der Erwerb des Ausfüllungsrechtes wohl der Regel nach durch einen Vertragsschluss zwischen Blankettverpflichtetem und Blankettgläubiger vollziehen.

Ueber die Natur dieses Vertrages gehen die Meinungen sehr auseinander.

Die Judikatur erklärte denselben anfangs für ein Mandat des Blankettzeichners, das sich auf Ausfüllung des Blankettes erstreckte.[1])

Das Verhältniss zwischen Blankettgeber und Blankettnehmer ist aber von dem zwischen Mandat und Mandatar bestehenden gründlich verschieden.[2]) Vor Allem erfolgt die Ausfüllung meist im Interesse des Blankettnehmers und nicht im Interesse des Blankettgebers.

Es läge also dann jedenfalls ein mandatum tua gratia vor, welches rechtlich nicht in Betracht kommt.

Neuere Entscheidungen der deutschen höchsten Gerichte haben diese Meinung aufgegeben und stützen das Recht des Wechselnehmers auf Ausfüllung der offenen Theile des ihm übergebenen Blankettes, nicht auf ein blosses Mandat, welches vom Geber des Blankettes beliebig widerrufen werden könne, sondern betrachten es als ein wohlerworbenes, der Willkür des Gebers entzogenes, Vermögensrecht.[3])

Dieses Vermögensrecht wird durch Vertragsschluss erworben und bestimmt sich seinem Inhalte und Umfange nach durch diesen Vertrag. Die Normirung desjenigen Vertragsinhaltes, der im Zweifel als gewollt zu gelten habe, ist durch die Gerichtspraxis erfolgt.[4])

Eine eigenthümliche Verschmelzung der älteren und neueren Auffassung des Verhältnisses zwischen Blankettzeichner und Ausfüllungeberechtigtem unternimmt Lehmann,[5]) indem er in der Dis-

---

[1]) O.T. bei Striethorst Bd. 25 Seite 304.

[2]) Vgl. unten §. 10.

[3]) R.O.H.G. Bd. 13 Seite 299; Bd. 17 Seite 55.

[4]) Vgl. unten §. 9.

[5]) a. a. O. Seite 407.

position des Bankettzeichners in Betreff der Ausfüllung des Papieres einmal eine Vollmachtertheilung sieht, die gutgläubigen Dritten gegenüber uneinschränkbar, vererblich, und übertragbar sei, und zweitens eine damit verbundene Ermächtigung zur Ausfüllung annimmt, die von vornherein in jeder Weise beschränkt wäre.

Zu dieser sehr gezwungenen Auslegung veranlasst jedenfalls die in der That vom Standpunkte des Civilrechtes aus erstaunliche Erscheinung, dass Wechselblankette, über deren Ausfüllung der Verpflichtete bei der Begebung genaue Vorschriften gemacht hatte, doch zu gültigen Wechseln werden, sobald sie nur mit den ihnen noch fehlenden von der Wechselordnung Art. 4 geforderten Essentialien versehen worden sind, auch wenn diese Ergänzung in ganz anderer Weise erfolgte, als der Blankettverpflichtete sich vertragmässig ausgemacht hatte. Doch nicht die Doppelnatur des Abkommens zwischen Blankettgeber und -nehmer als unbeschränkbarer Vollmacht und beschränkbarer Ermächtigung liegt dem zu Grunde, sondern die oben auseinandergesetzte Doppelnatur der Blankettverpflichtungserklärung, die theils — wechselrechtlich — in der formalen Thätigung wichtiger Theile einer Wechselurkunde sich äussert und damit dem Wechselverkehre gegenüber eine nur suspensiv bedingte Haftung übernimmt, theils — civilrechtlich — die vertragsmässige Einräumung eines Vermögensrechte an den Nehmer des Blankettes in sich schliesst.

III. Theil.

Rechtliche Wirkungen.

A. Die wechselmässige Haftung des Blankettzeichners.

Die eigenthümliche rechtliche Natur der Blankettwechselverpflichtungen besteht wie eben ausgeführt darin, dass durch ein und denselben Rechtsakt gleichzeitig wechselrechtliche und civilrechtliche Verpflichtungen übernommen werden. Dementsprechend müssen sich auch die Rechtswirkungen dieses Rechtsaktes nach zwei verschiedenen Richtungen äussern, indem einmal die durch den Blankettzeichner übernommene wechselmässige Haftung in Betracht zu ziehen ist, und zweitens dann der Ausfüllungsvertrag in seinen Rechtsfolgen darzustellen sein wird.[1])

§. 5.

Beginn der wechselmässigen Haftung.

1. Die wechselmässige Haftung des Blankettzeichners beginnt erst im Momente der Ausfüllung des Blankettes ihre Wirkungen zu äussern und es werden diese Wirkungen der wechselmässigen Verpflichtung nicht etwa auf den Zeitpunkt der Eingehung

---

1) In ähnlicher Weise betrachtet Voigt (a. a. O. Seite 71 fg.) die Rechtsfolgen der Hingabe von Blankettaccepten nach zwei Richtungen hin und unterscheidet die Stellung des Blankettacceptausstellers gegenüber dem Empfänger und dessen civilrechtlichen Rechtsnachfolgern von derjenigen gegenüber wechselmässigen Erwerbern der ausgefüllten Wechselurkunde.

der Blankettverpflichtung zurückbezogen.[1]) Erst dann ist eine Wechselobligation entstanden, erst dann stehen dem Inhaber der Urkunde Wechselrechte zu.[2])

So ist der Augenblick der Ausfüllung allerdings der entscheidende für die Begründung des Forderungsrechtes aus dem Wechsel, das nunmehr erst für den Inhaber der fertigen ausgefüllten Urkunde existent geworden ist und geltend gemacht werden kann.

Die Begründung der wechselmässigen Haftung, die nach erfolgter Ausfüllung ihre Wirkungen zu äussern beginnt, erfolgt aber nicht erst im Augenblicke der Ausfüllung, sondern schon im Augenblicke der Eingehung der Blankettverpflichtung. Dann schon ist der Wille, nach Ausfüllung aus dem unterzeichneten Papiere wechselmässig verpflichtet zu sein, bindend erklärt. Es liegt eben im Wesen der Blankettverpflichtungen, dass der Unterzeichner, der das betreffende Papier dazu bestimmt, von fremder Hand in seinen offenen Theilen ergänzt zu werden, auf jede fernere Einwirkung auf die Gestaltung des in der Kreation begriffenen Wechsels verzichtet. Es ist durch ihn Alles geschehen, was seinerseits zur Begründung der Wechselobligation erforderlich ist.[3]) Der auf Begründung der Wechselschuld gerichtete Wille hat sich, soweit er nicht in den schon ausgefüllten Theilen des Blankettes verkörpert ist, in der Bestimmung des Papieres zur Ausfüllung — dem Abschlusse des Ausfüllungsvertrages —

---

1) Bernstein Seite 59 will dem Inhaber eines Blankettes, zwar ebensowenig wie das R.G. (Strafs. Bd. 26 Seite 257), ein Recht auf Sicherstellung gemäss Art. 25 W.O. zugestehen, behauptet aber die Existenz eines Sicherungsanspruches im Arrestwege (§. 796 C.P.O.) für den Blankettnehmer als bedingten Gläubiger Doch ist mit Staub (Comment. Art. 7 §. 11) anzunehmen, dass die Ausfüllung zwar Bedingung der Gläubigerschaft sei, der Blankettinhaber aber deswegen nicht bedingter Gläubiger, sondern überhaupt nicht Gläubiger sei.

2) R.G. Bd. 3 Seite 91; Bd. 11 Seite 8.

3) R.G. Bd. 8 Seite 58.

erschöpft. Die Ausfüllung, — wenn sie erfolgt — geschieht nur insofern mit dem Willen des Blankettzeichners, als er durch Eingehung einer Blankettverpflichtung allgemein die Folgen einer später eintretenden Ausfüllung auf sich genommen hatte; doch sie geschieht durch eine durchaus selbstständige Rechtshandlung des Ausfüllenden, die in ihrer objektiven Gültigkeit von dem Willen des Blankettzeichners zur Zeit, wo sie vorgenommen wird, gänzlich unabhängig ist.

Es ergiebt sich hieraus die wichtige Folgerung, dass bei Beurtheilung der Verpflichtungsfähigkeit des Blankettzeichners nicht der Zeitpunkt der Eingehung der Blankettverpflichtung entscheidend ist.[1])

Diese im Uebrigen von der neueren Litteratur meistens anerkannte Auffassung wird von Richard Schmidt mit Unrecht bestritten.[2]) Wenn er die Verpflichtungsfähigkeit des Blankettverpflichteten nach der Zeit der Ausfüllung des Blankettes beurtheilt wissen will, weil dann erst die Wechselobligation entstehe, so übersieht er, dass wohl die Wirkungen der wechselmässigen Haftung des Blankettzeichners erst eintreten, wenn die Ausfüllung erfolgt und die Wechselobligation in der formgerechten Urkunde existent geworden ist, dass aber der Wille, sich wechselmässig zu verpflichten, schon durch die Ansetzung der Namensunterschrift auf ein Blankett und dessen Bestimmung zu weiterer Ausfüllung durch fremde Hand bindend erklärt ist.

2. Im einzelnen ergeben sich aus der Feststellung, dass für die Beurtheilung der Verpflichtungsfähigkeit des Blankettzeichners der Zeitpunkt der Blankettkreation massgebend ist, folgende Konsequenzen:

a) Hat Jemand von einem Anderen Vollmacht erhalten, in dessen Namen Wechselblankette als Aussteller oder Acceptant

---

[1]) O.Tr. Bd. 61 Seite 176; O.H.G. Bd. 12 Seite 325 fg.; R.G. Bd. 11 Seite 8.

[2]) R. Schmidt a. a. O. Seite 95, 96.

zu unterzeichnen, so haftet der Vollmachtgeber aus dem ausgefüllten Blankette wechselmässig, auch wenn zur Zeit der Ausfüllung jene Vollmacht nicht mehr bestand, sofern sie nur zur Zeit der Blankettverpflichtungserklärung noch in Kraft war.[1])

b) Ein von dem vertretungsberechtigten Gesellschafter einer Handelsgesellschaft gegebenes Blankoaccept erlangt wechselmässige Geltung auch durch eine Ausfüllung, die erst nach Auflösung dieser Gesellschaft erfolgte und kann gegen die solidarisch haftenden Gesellschafter geltend gemacht werden.[2])

c) Fällt der Blankettzeichner in Konkurs, bevor das Blankett ausgefüllt worden ist, so wird auch durch eine nach Eröffnung des Konkurses vorgenommene Ausfüllung das Blankett zu einem gültigen Wechsel,[3]) und es kann dieser im Konkurse angemeldet werden.

In gleicher Weise ist anzunehmen, dass ein Blankettverpflichteter, der später wahnsinnig oder für einen Verschwender erklärt wird, wechselmässig aus seiner Unterschrift haftet, auch wenn das Blankett erst zu einer Zeit ausgefüllt worden wäre, wo er seine Verpflichtungsfähigkeit schon verloren hatte.

d) Endlich muss auch, wenn der Blankettzeichner gestorben ist, noch nach seinem Tode die Ausfüllung des Blankettes mit Wirksamkeit gegen seine Erben erfolgen können.[4])

3. Während also die Wirkungen der wechselmässigen Haftung des Blankettzeichners erst nach geschehener Ausfüllung des Blankettes eintreten, knüpft sich deren Begründung an den Zeitpunkt der Eingehung der Blankettverpflichtung.

---

[1]) So die Entscheidung des R.G. Bd. XI Seite 5fg; über ein nach Erlöschen der Procura ausgefülltes Blankoaccept des Prokuristen.

[2]) R.O.H.G. Bd. 21 Seite 324fg.

[3]) Erk. d. O.Tr bei Löhr Neue Folge Bd. 2 p. 607; Striethorst Bd. 60 Seite 292.

[4]) R.G. bei Bolze 18 No. 316.

Die Ausfüllung ist ein rein thatsächlicher Vorgang, dessen Rechtswirkungen früher oder später sichtbar werden, sobald nämlich aus der nunmehr formgerechten Wechselurkunde Wechselrechte geltend gemacht werden.

Der Zeitpunkt der Ausfüllung bedarf daher keiner näheren Bestimmung. Anders ist es mit der Eingehung der Blankettverpflichtung. Diese bedeutet eine Willenserklärung von den weitreichendsten Folgen für den Verpflichteten, und es ist in Folge dessen sehr wichtig, genau den Augenblick zu wissen, in welchem sie als vollendet und der Blankoaussteller oder Blankoacceptant als gebunden zu betrachten ist.

Es handelt sich im Wesentlichen darum, ob man die Vollendung der Willenserklärung in der Ansetzung der Namensunterschrift seitens des Blankettzeichners oder erst in der Ausreichung des Blankettschriftstückes an den Ausfüllungsberechtigten sehen will.[1])

Die Praxis unserer höchsten Gerichte ist in diesem Punkte schwankend gewesen. Denn während in den meisten auf Wechselblankette bezüglichen Entscheidungen von „Geben und Nehmen des Papiers“, „Uebergabe“, „Ausfolgung der Namensschrift“ als des die wechselmässige Haftung begründeten Vorganges gesprochen wird, erklärt das Reichsoberhandelsgericht (Entscheidgen Bd. XIV Seite 61) ausdrücklich den Acceptanten für wechselmässig haftbar, dem das Blankoaccept vor der Ausreichung abhanden kommt.

Um diese Frage zu lösen, ist es nothwendig, auf den Inhalt der Verpflichtungserklärung des Blankettschuldners zurückzugehen. Diese Verpflichtungserklärung ist derart, dass sie unmöglich im Papiere selbst ausdrückbar ist, sondern noch eine Bekundung durch ausdrückliche Abrede oder konkludente Handlung ausserhalb der durch die Herstellung des Blankettschriftstückes gegebenen Willenserklärung erfordert. Der geschriebene Name an sich ist noch kein Blankett: erst die Verfügung des Zeichners, dass ein

---

[1]) Vgl. Bernstein, Commentar Seite 59.

Anderer die Ausfüllung vornehmen solle, macht die Namenszeichnung zum Blankett.[1])

Ferner wird die Verfügung des Blankettzeichners, betreffend die spätere Ausfüllung der von ihm offen gelassenen Stellen des Papieres, niemals ins Allgemeine erlassen, sondern er wendet sich stets an eine bestimmte Person, mit der er einen Vertrag schliesst und der er das Ausfüllungsrecht überträgt. Nur wenn ein solcher Ausfüllungsvertrag als geschlossen zu betrachten ist, kann von einer Uebernahme der wechselmässigen Haftung durch den Blankettzeichner die Rede sein; dann nur ist ein Wechselblankett kreirt.

Soweit nun eine weitere, näher spezialisierte Abrede zwischen Blankettzeichner und Ausfüllungsberechtigten nicht getroffen wird, sieht man schon in der Uebergabe des Blankettes an eine andere Person seitens des Namenszeichners den Abschluss dieses Vertrages, und jedenfalls kann ein solcher Vertrag niemals gültig zu Stande kommen, wenn nicht eine Uebereignung des Papieres an den Ausfüllungsberechtigten stattfindet.

Hieraus folgt, dass für die Begründung der wechselmässigen Haftung des Blankettausstellers oder -Acceptanten und damit für die Beurtheilung der Verpflichtungsfähigkeit desselben der Augenblick der Uebergabe des Blankettes an den Ausfüllungsberechtigten der entscheidende ist.

Dies erleidet nur eine Ausnahme, wie Bernstein[2]) mit Recht geltend macht: in dem Falle nämlich, dass ein Blankett mit oder ohne Ausstellerunterschrift von dem späteren Aussteller einem Anderen präsentirt wird, damit er sein Accept darauf setze, muss die Perfektion der blankettmässigen Verpflichtung schon als mit der Niederschrift des Namens eingetreten angesehen werden. Denn hier lag die Offerte zur Eingehung des Ausfüllungsvertrages an den späteren Acceptanten schon vor. Mit Ansetzung des

---

[1]) R. Schmidt a. a. O. Seite 92; vgl. auch oben §. 4 II.

[2]) Bernstein a. a. O. Seite 59.

Acceptes nimmt er zugleich die ihm gemachte Offerte an und schliesst den Ausfüllungsvertrag. Denn eine Rücknahme des einmal gegebenen Acceptes ist in diesem Falle ebensowenig, wie die des Acceptes auf fertiger Wechselurkunde zulässig.[1,2])

---

[1]) Vgl. W.O. Art 21.

[2]) Im anderen Falle, wenn der Blankoacceptant die Initiative zur Eingehung des Wechselgeschäftes ergreift, kann er seine Acceptunterschrift vor Ausreichung des Papieres wieder tilgen. Denn erst nach Abschluss des Ausfüllungsvertrages, also nach Ausreichung des Papieres, ist eine Blankettverpflichtung entstanden. (Bernstein Seite 130.)

§. 6.

Umfang der wechselmässigen Haftung.

In Betreff der Frage, in welchem Umfang der Blankoaussteller oder Acceptant aus seiner Blankettverpflichtung wechselmässig haftbar sei, haben zwei Grundsätze Geltung erlangt:

1. Der Blankettzeichner ist dem gutgläubigen Inhaber des ausgefüllten Wechsels wechselmässig haftbar nach Massgabe der geschehenen Ausfüllung, auch wenn der Inhalt der Ausfüllung der mit dem Ausfüllungsberechtigten getroffenen Abrede nicht entspricht.

2. Nur soweit durch die geschehene Ausfüllung die Einrede der Fälschung begründet ist, kann der Blankettverpflichtete auch dem gutgläubigen Dritten gegenüber Zahlung ablehnen.

ad 1. Dieser Rechtssatz, der die Einrede abredewidriger Ausfüllung gegen den gutgläubigen Erwerber der ausgefüllten Urkunde ausschliesst, ist der Fundamentalsatz des Gewohnheitsrechtes, das sich über die Verwendung von Blankettwechseln und Blankoaccepten im deutschen Wechselverkehre gebildet hat.[1])

Man muss sagen, dass in der Durchführung dieses Rechtssatzes die nothwendige Konsequenz der Zulassung der Verwendung von Wechselblanketten durch die rechtsbildenden Faktoren zu erblicken ist.

Jene Verordnung des österreichischen Justizministeriums, welche zuerst in Auslegung der Art. 7 und 82 der A.D.W.O. die Blankette für zulässig erklärte, hatte deswegen — im Be-

---

[1]) R.O.H.G. Bd. 6 Seite 45, Bd. 7 Seite 223, Bd. 14 Seite 386, R.G. Bd. 2 Seite 97, Bd. 19 Seite 136, Bd. 23 Seite 109, Bd. 33 Seite 44.

wusstsein von der Tragweite der Rechtsgewohnheit, der sie Eingang verschaffen wollte — es bereits ausgesprochen, dass eine Einrede über die Herkunft der Wechselerklärung, die später, als Ausfüllung des in blanco gegebenen Acceptes entstanden sei, gegen den dritten redlichen Inhaber überhaupt nicht stattfinde.[1])

In zahlreichen Erkenntnissen der höchsten Gerichte[2]) ist seitdem der oben formulirte Grundsatz bei Beurtheilung von Fällen, in denen es sich um die wechselmässige Haftung eines Blankoausstellers oder Blankoacceptanten handelte, zur Anwendung gekommen und in der gesammten neueren Litteratur unbestritten.

Dagegen herrscht eine bedeutsame Divergenz der Meinungen in der Begründung des adoptirten Satzes. Während die Einen daran festhalten, dass nur deswegen der Blankettzeichner für jede Art von Ausfüllung der offenen Theile des Papieres haftbar sei, weil sich eine solche unbeschränkte Haftung auf seinen durch Eingehung der Blankettverpflichtung erklärten Willen zurückführen lasse,[3]) wollen Andere von der Rücksichtnahme auf die in der Blankettzeichnung und Begehung liegende Willenserklärung ganz absehen und die wechselmässige Haftung des Blankettzeichners aus einem allgemeinen Prinzipe herleiten, wonach bei anerkannter Wechselunterschrift die Unechtheit der darüberstehenden Erklärung niemals als wechselrechtlicher Einwand anzuerkennen sei.[4])

Ob dieses allgemeine Prinzip, welches in seiner äussersten Konsequenz dazu führt, dass derjenige, welcher seinen Namen zur Schreibübung auf ein Stück Papier geschrieben hat oder eine Quittung unterzeichnen wollte, dem gutgläubigen Dritten wechsel-

---

[1]) Vgl. oben §. 3 und Archiv IV Seite 113.

[2]) Vgl. Borchardt Commentar Zus. 764 No. 9—12.

[3]) R.O.H.G. Bd. VI Seite 46; Voigt a. a. O. Bd. XXI Seite 324 fg.; R. Schmid a. a. O. Seite 96; Bernstein, Commentar Seite 61.

[4]) O.Trib. bei Löhr 5 Seite 421; R.G. Bd. 14 Seite 24; Gelpke Zeitschrift f. H.R. Heft II Seite 168 fg.; v. Canstein W.R. Seite 190.

mässig haftet, sofern von unbefugter Hand eine Wechselerklärung darüber gesetzt ist, — ob dieses Prinzip dem Geiste des deutschen Wechselrechtes entspricht,[1]) ist eine sehr einschneidende Frage, deren Beantwortung über den Rahmen dieser Abhandlung hinausgeht.

Denn wir haben es nur mit Blankettwechseln und Blankoaccepten zu thun und diese sind nach der oben[2]) gegebenen Begriffsbestimmung solche Namenszeichnungen auf einem Papiere oder Wechselformulare, die geleistet werden, einmal in der Absicht wechselmässiger Haftung nach Ausfüllung des Papieres, und zweitens verbunden mit der ausdrücklichen Bestimmung des Eigners der Unterschrift, dass eine andere Person sie ausfülle.

Um für Blankettwechselunterschriften die Nothwendigkeit einer wechselmässigen Haftung zu begründen, die unabhängig ist von dem Inhalte der geschehenen Ausfüllung, bedarf es der Anerkennung des Satzes, dass jede echte Unterschrift die unechte Wechselerklärung decke, nicht.

Wer eine Blankettverpflichtung eingeht, ist sich der möglichen Folgen seiner Handlungsweise vollkommen bewusst. Er weiss, dass derjenige, in dessen Händen er das Blankett lässt, faktisch in der Lage ist, dasselbe in den offenen Theilen in willkürlicher Weise auszufüllen oder irgend einem Anderen zu einer derartigen Ausfüllung zu überlassen. Inwieweit eine dem Unterschriebenen nicht genehme Ausfüllung das zwischen Blankettgeber und -Nehmer getroffene Abkommen verletzt oder sonst eine dolose Handlungsweise bezeugt, die zur Erhebung des persönlichen Ein-

---

1) Der aus dem Pr.A.L.R. §. 784 II 8 entnommene §. 95 des preussischen Entwurfs einer W.O.: „Ein Verklagter, gegen welchen die Richtigkeit seiner Unterschrift unter einer Wechselerklärung feststeht, wird im Wechselprozesse mit dem Einwande nicht gehört, dass die über der Unterschrift befindliche Erklärung ohne seine Genehmigung geschrieben sei," wurde in der Leipziger Konferenz allerdings gutgeheissen; dann aber in Folge der Ausscheidung des Prozessrechtes nicht in die A.D.W.O. aufgenommen. (Vgl. Thöl, Protok Seite 181.)

2) Oben §. 1.

wandes des dolus berechtigt, ist Sache des einzelnen Falles, und wird weiter unten zu erörtern sein.[1]) Jedenfalls hat der Blankettzeichner die Möglichkeit eines solchen Vorkommnisses vorausgesehen und wenn er sich trotzdem entschliesst, das Blankettwechselgeschäft zu machen, so kann behauptet werden, dass jede Ausfüllung der offenen Theile — sie mag lauten, wie sie will und ausgeführt sein, von wem sie wolle — auf den Willen des Blankettverpflichteten zurückzuführen sei. Die Ausfüllung bedeutet eben die Vollendung des begonnenen Kreationsaktes. Dieser ist begonnen mit dem vollen Verpflichtungswillen, und seine Vollendung durch fremde Hand ist ebenfalls gewollt, folglich ist die Wechselschuld nach Herstellung einer formgerechten Urkunde gültig begründet. Eine aus dem Wechselrechte hervorgehende, d. h. eine gegen Entstehung oder Bestand der Wechselobligation sich richtende Einrede,[2]) die auch dem gutgläubigen Dritten gegenüber durchzugreifen hätte, kann folglich vom Blankettverpflichteten nicht auf die Thatsache gestützt werden, dass die Art der Ausfüllung gegen die mit dem Ausfüllungsberechtigten getroffene Abrede verstösst.

ad 2. Dagegen richtet sich die Einrede der Fälschung (exceptio falsi) gegen den Bestand der Wechselobligation und es ist der Blankettzeichner in Folge dessen, sobald er der Klage aus dem ausgefüllten Wechsel diese axceptio entgegensetzen kann, auch bei Gutgläubigkeit des Klägers von seiner wechselmässigen Haftung befreit.

Der Begriff der Fälschung bedarf nun einer sehr genauen Abgrenzung. Es ist streng zu unterscheiden zwischen Blankettverfälschung im Sinne des Strafrechtes, die den Thatbestand des §. 269 R.St.G.B. begründet, und Wechselverfälschung im Sinne des Wechselrechtes, die eine Zerstörung der Wechselobligation zur

---

[1]) Vgl. unten §. 10.

[2]) Staub Seite 186; Volkmar und Löwy Seite 291; Cosack Seite 296; Dernburg §. 280.

Folge hat und als in rem wirkende Einrede gegen jeden Wechselgläubiger geltend gemacht werden kann.

Der §. 269 des R.St.Ges.-Buches lautet: „Der fälschlichen Anfertigung einer Urkunde wird es gleich geachtet, wenn Jemand einem mit der Unterschrift eines Anderen versehenen Papieren ohne dessen Willen oder dessen Anordnungen zuwider durch Ausfüllung einen urkundlichen Inhalt giebt".

Es unterliegt hiernach keinem Zweifel und ist auch durch Reichsgerichtsentscheidung bestätigt,[1]) dass jede Art der Ausfüllung des Wechselblankettes, die nicht auf direkte oder indirekte Ermächtigung des Namensunterzeichneten zurückgeht oder dem Inhalte des Ausfüllungsvertrages zuwiderläuft, nach Massgabe dieses §. 269 strafrechtlich zu verfolgen sein wird.

Dennoch kann auch durch eine solche Ausfüllung — wie oben ad 1 ausgeführt — eine Wechselobligation gültig zu Stande kommen. Die exceptio falsi ist keineswegs immer anwendbar, wenn eine strafrechtliche Blankettfälschung vorliegt. Und zwar stehen sich hier der Fall, dass der Ausfüllungsberechtigte resp. einer seiner Rechtsnachfolger das Blankett fälscht, indem er den offengebliebenen Stellen einen anderen, als den abredegemässen Inhalt giebt, und der andere, dass ein Unberechtigter, der das Blankett vielleicht gefunden oder dem Ausfüllungsberechtigten gestohlen hat, dasselbe ausfüllt, vollkommen gleich.

Lehmann[2]) behauptet mit Unrecht, dass im zweiten Falle — der Ausfüllung durch einen Unberechtigten — der Blankettzeichner der Wechselklage auch des gutgläubigen Inhabers die exceptio falsi opponiren dürfe.

Das Zustandekommen der Wechselobligation ist nicht davon abhängig, dass der Ausfüllende im Besitze des Ausfüllungsrechtes war, sondern nur von der objektiven Thatsache der geschehenen

---

[1]) R.G (Strafsachen) Bd. 3 Seite 143; vgl. auch Voigt a. a. O. S. 86.

[2]) Lehmann Seite 409, 410.

Ausfüllung, die in Folge der Eingehung der Blankettverpflichtung als dem Willen des Blankettzeichners entsprechend anzusehen ist.[1])

Um die Geltendmachung einer in dem wirkenden exceptio falsi zu motiviren, muss vielmehr mit dem Blankettschriftstücke — sei es nun vor, oder nach der Ausfüllung — derartig verfahren sein, dass wichtige Theile der Urkunde zerstört oder verändert worden sind.

a) Vor der Ausfüllung.

Es betrifft dies den Fall, dass der Ausfüllungsberechtigte oder eine andere Person an dem Kontexte der Blanketturkunde, soweit sie vom Blankettzeichner schon ausgefüllt war, unberechtigterweise Aenderungen vornimmt.

Zum Beispiel er ändert den angegebenen Zahlungsort durch Beifügung eines Domizilvermerkes,[2]) oder das Verfallsdatum, oder die im Texte schon geschriebene Summe.

Wird dagegen ein Blankett begeben mit einer ausserhalb des Kontextes befindlichen zahlenmässigen Angabe der Wechselsumme, während der Platz für die Summe innerhalb des Kontextes freigeblieben ist, so hat das Reichsgericht[3]) entschieden, dass eine Ausfüllung mit einer höheren, als der angegebenen Summe nicht als Abänderung ausgefüllter Theile anzusehen ist, sondern nur die persönliche Einrede abredewidriger Ausfüllung begründe. Und in der That hat hier jene Angabe am Rande des Wechselformulares nur dazu dienen sollen, dem Ausfüllungsberechtigten die Vertragsabsicht erkennbar zu machen. Dasselbe kann aber unmöglich auch, wie R. Schmidt es thut,[4]) von den ausgefüllten Theilen des Blankettes vor vollendeter Ausfüllung überhaupt gesagt werden,

---

1) Ebenso erklären im Falle der Ausfüllung durch einen Unberechtigten nur die exceptio doli gegen den bösgläubigen Kläger für zulässig: O.Tr. bei Seuffert 20 No. 178; Rchs.O.H.G. Bd. 25 Seite 16; R.G. Bd. 8 Seite 58; vgl. auch Bernstein Seite 60.

2) O.H.G. Bd. 23 Seite 211.

3) R.G. Bd. 2 Seite 100.

4) R. Schmidt a. a. O. Seite 95.

Diese dienen nicht nur dazu, die Verabredung zu sichern, sondern sie sind mit Verpflichtungsabsicht geschriebene Theile der künftigen Wechselurkunde, Essentialien des in der Kreation begriffenen Wechsels,[1]) deren unkonsentirte Aenderung den in ihnen verkörperten Willen des Blankettverpflichteten verletzt und somit zerstörend auf die Obligation wirken muss. Das Absurde der gegentheiligen Annahme wird recht deutlich, wenn man sich erinnert, dass in der überwiegenden Mehrzahl der Fälle von Blankettbegebung alle Theile bis auf die Ausstellerunterschrift schon ausgefüllt sind.[2])

b) Nach der Ausfüllung.

Wird das ausgefüllte Blankett — das also dann einen fertigen Wechsel darstellt — durch dritte Hand in wesentlichen Theilen verändert — sei es in den durch den Blankettzeichner selbst festgestellten Theilen oder in denjenigen, die durch den Ausfüllungsberechtigten ergänzt sind, so ist dies selbstverständlich eine gewöhnliche Wechselverfälschung, welche die wechselmässige Haftung aller derjenigen Wechselverpflichteten, die vor Eintritt der Verfälschung ihre verpflichtende Unterschrift auf den Wechsel gesetzt haben, aufhebt.[3])

Wie ist aber der Fall zu beurtheilen, dass der Ausfüllungsberechtigte selbst nach geschehener Ausfüllung, solange er den Wechsel noch in Händen hat, an den eben ausgefüllten Punkten des Wechselinhaltes Aenderungen vornimmt?

Bernstein[4]) und ihm sich anschliessend Staub[5]) behaupten, dass der Ausfüllungsberechtigte, nachdem er abredewidrig ausgefüllt hatte, den abredewidrigen Theil der Ausfüllung streichen

---

[1]) Ebenso O.H.G. bei Borchardt 764b: „Die bereits ausgefüllten Theile eines Wechselformulars haben dieselbe Bedeutung, als läge ein vollständiger Wechsel vor.“

[2]) Vgl. oben §. 2.

[3]) R.O.H.G. Bd. 18 Seite 155; Staub Seite 169; Bernstein Seite 67.

[4]) Bernstein Seite 64.

[5]) Staub Seite 42.

und durch einen abredegemässen ersetzen könne, ohne dass deswegen die exceptio falsi gegeben sei. Denn die Vertragsabsicht sei entscheidend und diese gehe auf Herstellung einer der Abrede entsprechenden Wechselurkunde. Lehmann[1]) dagegen und eine Entscheidung des Reichsoberhandelsgerichtes[2]) erklären das Ausfüllungsrecht mit der einmaligen Ausfüllung für erloschen, und sehen in jeder späteren Aenderung eine Fälschung, welche die exceptio falsi begründe.

Es ist aber zunächst festzustellen, dass eine aus dem Inhalte des Ausfüllungsrechtes hergeleitete Einwendung niemals eine in rem wirkende exceptio, sondern nur eine persönliche exceptio doli begründen kann.

Zweitens ist es gänzlich willkürlich, zu behaupten, das Ausfüllungsrecht sei durch einmalige Ausfüllung erschöpft. Bernstein hat vielmehr ganz Recht, wenn er darauf hinweist, dass die Absicht der Kontrahenten des Ausfüllungsvertrages jedenfalls auf eine dem Vertrage entsprechende Art der Ausfüllung gehe.

Nur darin irrt Bernstein, wenn er annimmt, dass für die hier vorliegende Frage die Vertragsabsicht entscheidend sei. Entscheidend ist vielmehr die formale Natur der Wechselobligation, deren Entstehen und Bestehen an die formgerechte gültige Wechselurkunde geknüpft ist. Durch einmalige Ausfüllung ist ein vollständiger und zwar gültiger Wechsel geschaffen — mag die Ausfüllung abredegemäss oder abredewidrig gewesen sein —, und die Aenderung von Theilen dieser einmal kreirten Urkunde zerstört die Obligation und begründet deswegen eine in rem wirkende exceptio falsi.[3])

---

[1]) Lehmann Seite 410.

[2]) R.O.H.G. Bd. 7 Seite 223.

[3]) Vgl. R.O.H.G. bei Borchardt, Commentar, Zus. 764 Nr. 6, und R.G. Bd. 9 Seite 135.

§. 7.

Aufhebung der wechselmässigen Haftung.

Die wechselmässige Haftung des Blankettzeichners ist an die Existenz des Blankettes gebunden. Es liegt im Begriffe der wechselmässigen Haftung überhaupt, dass sie von dem Schicksale eines Wechselpapieres abhängt: Die Wechselobligation ist eine Skripturobligation. Sie entsteht nur mittels des Papieres und kann nur mittels des Papieres aufgehoben werden.[1]) Für den Specialfall des Wechselblankettes folgt hieraus, dass ebenso, wie die wechselmässige Haftung des Blankettwechselverpflichteten in ihrer Entstehung an die Herstellung der Blanketturkunde geknüpft ist, auch nur mittels dieser Blanketturkunde eine Aufhebung dieser Haftung eintreten kann.

Allerdings beruht die Verpflichtung des Blankettzeichners nicht allein auf der Unterzeichnung resp. theilweisen Ausfüllung des Papieres, sondern erst durch das Hinzutreten einer ausserhalb des Papieres erfolgenden Willenserklärung, welche die Bestimmung des Papieres zur Ausfüllung deutlich macht, ist die bindende Verpflichtung des Blankoausstellers und Blankoacceptanten begründet;[2]) dennoch aber lehnt diese Willenserklärung sich an die Existenz des unterzeichneten Papieres — der Blanketturkunde — an und ist in ihrer Wirksamkeit gänzlich von dieser Existenz abhängig.

---

[1]) Kuntze, Deutsches Wechselrecht, Leipzig 1862, §. 37 Seite 290/291 fg.

[2]) Vgl. oben §. 5.

So lange also das Blankett vorhanden ist — sei es in den Händen des Ausfüllungsberechtigten oder eines seiner Rechtsnachfolger, sei es in Folge eines Verlustes oder einer Entwendung in unbefugter Hand —, so lange währt die wechselmässige Haftung des Blankettzeichners und kann jederzeit durch den einfachen Akt der Ausfüllung wirksam gemacht werden.

1. Eine Aufhebung derselben durch Zeitablauf ist ohne weiteres nicht wohl zu denken. Auch wenn man eine Verjährung des vertragsmässigen Ausfüllungsrechtes annehmen will,[1]) so ist doch die faktische Möglichkeit, das Blankett auszufüllen und damit in objektiv gültiger Weise eine Wechselurkunde zu schaffen, unmöglich verjährbar.[2])

Nur soweit aus dem Papiere selbst sich eine zeitliche Beschränkung der wechselmässigen Haftung ergiebt, kann eine solche eintreten. Dies ist der Fall, wenn bei der Begebung des Blankettes das Verfallsdatum schon ausgefüllt war. Dann läuft von diesem Tage an die gewöhnliche Wechselverjährung von 3 Jahren[3]) für den Blankoacceptanten oder für den Blankoaussteller eines trockenen Wechsels.[4])

Eine solche vorherige Festlegung des Verfalltages gewährt zugleich indirekt eine zeitliche Beschränkung der mit Eingehung der Blankettverpflichtung übernommenen Gefahr einer beliebigen Ausfüllung des Blankettes.

Ist der Verfalltag frei geblieben und wird erst bei Ausfüllung des Blankettes mithineingeschrieben, so läuft die Verjährung selbstverständlich von diesem für den nunmehr entstandenen Wechselbrief massgebenden Tage ab.

2. Durch Verlust oder Entwendung aus der Hand des Ausfüllungsberechtigten oder des Blankettzeichners[5]) kann, wie oben

---

[1]) Vgl. unten §. 9

[2]) Voigt a. a. O. Seite 86.

[3]) W.O. Art. 77 und 100.

[4]) O.Tr. bei Striethorst Bd. 62 Seite 272; Staub Seite 44.

[5]) Letzteres denkbar im Falle des auf präsentirtem Papiere geleisteten Blankoacceptes; vgl. oben §. 5.

ausgeführt, eine Aufhebung der wechselmässigen Haftung des Letzteren nicht eintreten. Wohl aber tritt eine solche ein durch Vernichtung des Blankettes im Ganzen oder in wesentlichen Theilen, sowie durch die derselben gleichstehende Amortisation.

Beide Arten der Aufhebung begründen sich durch die oben dargelegte Abhängigkeit der wechselmässigen Haftung des Blankettzeichners von der Existenz der bei Eingehung der Blankettverpflichtung hergestellten Blanketturkunde und durch den Charakter dieser Urkunde als cambium nasciturum, in welchem die Skripturobligation begonnen hat, sich zu verkörpern.

a) Wird dieses Papier vernichtet oder in wesentlichen Theilen zerstört, so ist eine Vollendung des begonnenen Kreationsaktes unmöglich geworden, die wechselmässige Haftung des auf demselben Unterzeichneten somit aufgehoben.

b) Dasselbe muss gelten, wenn das Papier amortisirt worden ist. Können Wechselblankette aber amortisirt werden? Es ist diese Frage durch Entscheidung des Reichsoberhandelsgerichtes[1]) bejaht worden und es wird diese Auffassung in der neuen Litteratur ziemlich allgemein anerkannt.[2])

Streitig ist höchstens, ob Blankette vor der Ausfüllung als Urkunden anzuerkennen seien. Dies behauptet z. B. Bernstein aus dem Grunde, weil sie als solche die Uebertragung des Ausfüllungsrechtes beurkundeten.[3]) Diese Begründung ist entschieden falsch. Das Ausfüllungsrecht mag unter Umständen durch blosse Uebertragung des Papieres übergehen. Aber ohne gewollte Uebertragung geht es eben nicht über, ergiebt sich folglich nicht aus dem Papiere, sondern bedarf einer besonderen Zuwendung. Mit Recht sagt Merfeld,[4]) es handele sich darum, ob Wechselblanketts im Sinne des Amortisationsverfahrens, nicht ob im Sinne sonstiger

---

[1]) R.O.H.G. Bd. 25 Seite 16.

[2]) Vgl. Merfeld a. a. O. Seite 293 und die dort angegebene Litteratur.

[3]) Bernstein Seite 60; dagegen O.Tr. 80 Seite 65.

[4]) Merfeld a. a. O. Seite 298.

Bestimmungen als Urkunden anzusehen sind. Und ersteres sei unbedenklich zu bejahen.

Jedenfalls ist die Amortisation von Blanketten ein dringendes Verkehrsbedürfniss. Denn der Blankettzeichner ist, wie oben ausgeführt, nach Verlust des Papieres, auf keine Weise von seiner Haftung zu befreien, so lange das Papier noch als vorhanden gelten muss. Die Amortisation erfolgt deswegen eben in diesem Falle wesentlich im Interesse des Schuldners — d. h. des Blankettzeichners — nicht des Gläubigers.[1]) Ein Wechselgläubiger ist vor Ausfüllung des Wechsels auch noch garnicht vorhanden.

c) Dennoch ist ein Interesse des ein Blankett verlierenden Ausfüllungsberechtigten insofern ebenfalls anzunehmen, als er an der Geltendmachung eines Anspruches aus dem civilrechtlichen Verhält- gegen den Blankettzeichner, das der Blankettbegebung oder Weiterbegebung zu Grunde lag, gehindert sein wird, so lange der Schuldner in Gefahr schwebt, gegen das von unbefugter Hand zu einem Wechsel ausgefüllte Blankett noch einmal zahlen zu müssen.[2])

Das gewöhnliche Interesse des Verlierers eines Wechsels fällt allerdings in diesem Falle weg. Der Blankettgläubiger ist nicht befugt nach Massgabe des Art. 73 W.O. gegen Sicherheitsleistung Wechselzahlung zu begehren.[3]) Denn eine Wechselschuld bestand vor Ausfüllung des Blankettes noch nicht.

Ob der bisherige Eigenthümer eines vernichteten oder amortisirten Wechselbankettes die Ausfolgung eines neuen Papieres von dem Blankettverpflichteten zu verlangen berechtigt ist, richtet sich nach dem der Blankettbegebung etwa zu Grunde liegenden civilrechtlichen Verhältnisse.

3. Eine weitere Möglichkeit der Aufhebung der wechselmässigen Haftung des Blankettzeichners würde dann bestehen, wenn er berechtigt wäre, unter Umständen das Wechselblankett von Dem-

1) R.O.H.G. Bd. 23 Seite 16.

2) Merfeld Seite 291, 292.

3) O.H.G. Bd. 25 Seite 17.

jenigen mit dem er den Ausfüllungsvertrag geschlossen hatte, zurückzufordern.

In der Judikatur findet sich über diese Frage nichts. Dagegen hat Voigt in seinem schon öfter citirten Aufsatze diesen Punkt sehr stark betont. Er erblickt in dem Rechte zur Rückforderung des Blankettes ein unentbehrliches Schutzmittel für den durch die Blankettbegebung gefährdeten Blankettverpflichteten.[1])

Bei Beurhteilung dieser Frage handelt es sich darum, ob die Eingehung einer Blankettverpflichtung — d. h. die Unterzeichnung eines unvollständigen Wechsels als Aussteller oder Acceptant, verbunden mit der Uebertragung des Ausfüllungsrechtes an eine andere Person — stets in wirthschaftlicher Abhängigkeit von einem Hauptgeschäfte steht, welches die Eingehung dieser Verpflichtung veranlasst hätte.

Voigt behauptet dies mit grösster Entschiedenheit, erklärt sogar das Vorhandensein eines solchen zu Grunde liegenden Geschäftes als Bedingung dafür, dass der Blankettnehmer berechtigter Empfänger der ihm eingehändigten Urkunde werde.

Das Letztere ist schon sicherlich falsch. Berechtigter Empfänger ist Jeder dem das Ausfüllungsrecht durch Uebereingnung des Blankettes hat übertragen werden sollen. Wovon sonst soll seine Berechtigung abhängen, als von dem Willen dessen, der ihm dieselbe einräumt?

Es ist ferner allerdings zuzugeben, dass. soweit es sich um Gefälligkeitsaccepte und zur Sicherheitsleistung bei Waarengeschäften gegebene Blankette handelt, eine solche von Voigt behauptete Abhängigkeit von einem Hauptgeschäfte besteht. Wie aber oben[2]) erwähnt, fehlt in der grossen Mehrzahl der Fälle den begebenen Blanketten nur noch der Name des Trassanten oder höchstens das Ausstellungsdatum. Diese Blankette charakterisiren sich als hauptsächlich zu dem Zwecke eingeführt, um dem Accep-

---

1) Voigt a. a. O. Seite 82.

2) Oben § 2.

tanten die Initiative für die Eingehung des Wechselgeschäftes zuzuweisen, und sind von irgend welchen anderen Geschäften gänzlich unabhängig.

Bei diesen Letzteren würde eine Rückforderung also jedenfalls ausgeschlossen sein.

Bei den zuerst genannten, bei denen die Summe offen gelassen zu sein pflegt, wäre eine solche Rückforderung mit der condictio sine causa nach Erledigung oder Rückgängigwerden des Hauptgeschäftes, ebenso nach einer etwa eingetretenen Verjährung der Klage aus diesem, wohl angängig, doch aber auch nur bei dem ersten Nehmer des Blankettes, während nach erfolgter Weiterbegebung höchstens auf die Bereicherung mit eben dieser condictio seitens des Blankettverpflichteten gegen den ersten Nehmer zu klagen sein würde.

B. Der Ausfüllungsvertrag.

§. 8.

Der Vertrag als Rechtstitel für die Ausfüllung.

Wie wir gesehen haben, genügt die objektive Thatsache der erfolgten Ausfüllung des Blankettes, um die Wechselobligation des Blankettzeichners definitiv zu begründen und die Wirkungen der von ihm bei Eingehung der Blankettverpflichtung übernommenen wechselmässigen Haftung eintreten zu lassen. Der Ausfüllungsvertrag, durch den der Blankettzeichner das Ausfüllungsrecht am Blankett einer bestimmten Person überträgt, kam für die Begründung der wechselmässigen Haftung nur insofern in Betracht, als erst der Abschluss eines solchen Vertrages den Zeichner des Papieres zum Aussteller oder Acceptanten eines Blankowechsels machte im Gegensatze zu Jemandem, der einen unvollständigen Wechsel wissentlich oder unwissentlich unterschrieben hat oder seine Namenszeichnung als Quittung oder Bürgschaft geben wollte.[1] Die Bestimmung des Papieres zur Ausfüllung durch fremde Hand kommt durch den Abschluss eben des Ausfüllungsvertrages zum Ausdruck, wenn auch die Herstellung einer formgerechten Wechselobligation davon unabhängig ist, ob der Ausfüllende sich im Be-

[1] R. Schmidt a. a. O. Seite 92 „Der geschriebene Name an sich ist noch kein Blankett, erst die Bestimmung des Unterschriebenen, dass ein Anderer diese Unterschrift zur Herstellung einer Urkunde benutze, macht das unterschriebene Papier zum Blankett.“

sitze des vertragsmässigen Ausfüllungsrechtes befand oder die Bestimmungen des Vertrages bei Vornahme der Ausfüllungshandlung eingehalten hat.[1])

Ebenso nun, wie die Thatsache des erfolgten Vertragsabschlusses eine der Bedingungen zur Begründung der Wechselschuld des Blankettzeichners ist, liegt andrerseits in der Thatsache des Erwerbes des Ausfüllungsrechtes die Bedingung für die Wirksamkeit der Wechselforderung aus dem durch Ausfüllung zum Wechsel gewordenen Blankette. Der Ausfüllungsvertrag ist der Rechtstitel für die Ausfüllung.

Die Ausfüllung des Blankettes bedarf zwar, wie oben ausgeführt, keines Rechtstitels, um eine gültige Wechselurkunde herzustellen und den Blankettzeichner wechselmässig zu verpflichten. Derjenige aber, der die Ausfüllung vorgenommen hat, ist nur in dem Falle in der Lage, ein Gläubigerrecht mit Erfolg gegen den Blankettzeichner geltend zu machen, wenn er seine Ausfüllungshandlung auf einen Rechtstitel stützen kann. Eine Ausfüllung ohne Rechtstitel ist also objektiv wirksam, subjektiv aber für den Ausfüllenden unwirksam.

Jener Rechtstitel ist der Ausfüllungsvertrag, den der Blankettzeichner mit dem ersten Nehmer des Blankettes schliesst.[2]) Nur dieser erste Nehmer des Blankettes und dessen civilrechtliche Rechtsnachfolger im Besitze des vertragsmäfsigen Ausfüllungsrechtes, soweit nämlich eine Uebertragung desselben nach dem Vertragsinhalte zulässig erscheint,[3]) sind zur Ausfüllung des Blankettes legitimirt.

Der Rechtstitel ist also jedenfalls ein civilrechtlicher, kein wechselrechtlicher.[4])

---

1) Vgl. oben §. 6.

2) Ueber die Möglichkeit, den Vertragsabschluss durch einseitiges Rechtsgeschäft z. B. legatarische Zuwendung zu ersetzen, vgl. oben §. 4

3) Vgl. unten §. 9.

4) Bernstein Seite 60.

Die Judikatur des Reichsoberhandelsgerichtes und Reichsgerichtes befindet sich hiermit im Einklange, indem sie das Recht des Blankettnehmers als ein vertragsmässiges[1]) bezeichnet und annimmt, dass der Blankettzeichner nur demjenigen Ausfüllenden hafte, der mit Bewilligung des ersten Nehners ausgefüllt hat.[2])

In der Litteratur ist eine abweichende Ansicht aufgetreten, dahin gehend, dass Blankowechsel und Blankoaccepte in derselben Weise wie Blankoindossamente den redlichen Besitzerwerber zur Ausfüllung — und zwar zur Ausfüllung nach eigenem Ermessen — legitimirten, so dass also ein civilrechtlicher Titel zur Erwerbung der Ausfüllungsbefugniss und damit des Forderungsrechtes aus dem gemäss dieser Befugniss ausgefüllten Wechsel nicht erforderlich sei.[3]) Canstein[4]) nennt dies den Transporteffekt des Blankoacceptes. Ein solcher Transporteffekt besteht ganz entschieden nicht.

Der Besitz des Wechselblankettes gewährt die faktische Möglichkeit, dasselbe auszufüllen und den Unterzeichner dadurch, in Folge des bindenden Charakters der Blankettzeichnung, dritten gutgläubigen Erwerbern des ausgefüllten Wechels haftbar zu machen. Ein Recht aber zur Vornahme dieser Ausfüllung und damit die Möglichkeit, legitimirter Gläubiger des ausgefüllten Wechsels zu werden, giebt der blose Besitz des Blankettes keineswegs. Unter Umständen zwar kann die Uebergabe des Blankettes schon — als konkludente Handlung — ohne Weiteres den Abschluss eines Ausfüllungsvertrages oder die Uebertragung des Ausfüllungsrechtes bedeuten. Dies wird namentlich dann der Fall sein, wenn das Blankett in allen wichtigen Theilen bereits vom Unterzeichner ausgefüllt ist und eine nähere Abrede über die Art der Ausfüllung füglich wegfallen kann, auch eine Abhängigkeit von einem der Blankettverpflichtung zu Grunde liegenden

---

[1]) R.O.H.G. Bd. 13 Seite 300; R.G. Bd 2 Seite 92.

[2]) R.O.H G Bd. Seite 49.

[3]) Canstein Seite 271, Staub Seite 41 §. 12.

[4]) A. a. O.

civilrechtlichen Geschäfte nicht vorhanden ist, vor Allem also in dem Falle, wenn nur die Ausstellerunterschrift noch dem Blankette fehlt. Ist dagegen eine Abrede — mündlich oder schriftlich — ausserhalb des Blankettpapieres zwischen dem Unterzeichner und dem ersten Nehmer über die Ausfüllung — etwa über die Höhe der einzusetzenden Summe — getroffen worden, so wird der Erwerber des Blankettes nur dann durch Ausfüllung zum legitimirten Gläubiger, wenn er genau dieser Abrede gemäss ausgefüllt hat, und dazu kann ihn die einfache Uebergabe des unausgefüllten Papieres unmöglich in den Stand setzen; es würde vielmehr eine mündliche oder schriftliche Uebertragung des nach der getroffenen Abrede genau formulirten Ausfüllungsrechtes erforderlich sein.[1])

So ist es folglich einzig und allein der bei Begründung der Blankettverpflichtung geschlossene Ausfüllungsvertrag, nach dessen ausdrücklichem oder im Zweifel gewohnheitsrechtlich ihm unterzulegendem Inhalte die Frage sich entscheidet, ob derjenige, der das Blankett ausgefüllt hat, dazu legitimirt war und ein Gläubigerrecht aus dem nunmehr formgerechten Wechsel erworben hat.

---

[1]) Gegen den Transporteffekt ebenfalls Voigt a. a. O. Seite 77 fg.

§. 9.

Die Naturalien des Ausfüllungsvertrages.

Der Inhalt des Ausfüllungsvertrages, den der Blankoaussteller oder Blankoacceptant mit einer anderen Person abschliesst, wird nach den Umständen des einzelnen Falles sehr verschieden sein. Wesentlich ist diesem Vertrage nur, das er das Recht[1]) zur nachträglichen Einfügung von mindestens Einem dem Blankette noch fehlenden gesetzlich erforderten Bestandtheile eines gültigen Wechsels überträgt, so dass es sich also immer um eine Ausfüllung handeln muss.

Diese Ausfüllung kann sich auf den gesammten Kontext eines Wechsels beziehen, wenn — beim sogenannten „reinen Blankoaccepte" — nur eine verpflichtende Namensunterschrift auf das Papier gesetzt ist, oder sie kann in der Einsetzung nur des Fälligkeitsdatums, nur der Summenangabe oder endlich nur der Ausstellerunterschrift bestehen. Ferner kann in Bezug auf die Art und Weise der Ausfüllung dem Berechtigten die vollste Freiheit gelassen sein, so dass es z. B. in sein Belieben gestellt ist, ob er den Wechsel in einer Woche oder nach 10 Jahren fällig werden lässt; es kann aber auch — z. B. in Abhängigkeit von einem der Blankettverpflichtung zu Grunde liegenden Geschäfte — dem Ausfüllungsberechtigten genau vorgeschrieben werden, in welcher Höhe und bis zu welchem Termine zahlbar er den Wechsel auszufüllen habe. Auch unterliegt es keinem Zweifel, dass die Be-

---

1) Ueber die Natur dieses Rechtes vgl. oben §. 4.

schränkung des Ausfüllungsrechtes auf die Person des Vertragskontrahenten ausgemacht werden kann.[1])

Da nun der gewollte Vertragsinhalt einmal auf dem Blankette selbst nicht wohl ausdrückbar ist, andererseits die schriftliche Feststellung desselben ausserhalb des Blankettpapieres kaum in der Praxis vorkommen wird,[2]) so würde im Streitfalle auf eine etwaige mündliche Abrede zurückzugehen sein, die oft aber auch noch unterblieben ist, indem der Blankettzeichner sich zur Frklärung seiner Vertragsabsicht mit der blossen Aushändigung des unterschriebenen Papieres begnügt hat.

Unter diesen Umständen erschien es von der höchsten Wichtigkeit, die Naturalien des Ausfüllungsvertrages zu normiren, um so das Ausfüllungsrecht nach Natur und Inhalt fest zu umgrenzen und dem entscheidenden Richter, gegenüber der oft unmöglichen Beweiserhebung über den von den Parteien gewollten Umfang des Ausfüllungsrechtes, einen Anhalt zu geben. Eine solche Normirung der Naturalien des Ausfüllungsrechtes ist durch unsere höchsten Gerichte erfolgt, und es sind die diesbezüglichen Annahmen als eingebürgertes Gewohnheitsrecht zu betrachten, demgegenüber die wenigen abweichenden Meinungen höchstens de lege ferenda in Betracht kommen können.

I. Inhalt des Ausfüllungsrechtes.

1. Der Nehmer des Blankettes ist im Zweifel berechtigt. dasselbe in allen offen gelassenen Theilen zu einem ordnungsmässigen Wechsel zu ergänzen, bezw. seinen eigenen Namen als den des Remittenten oder beim Blankoaccepte als den des Ausstellers einzutragen.[3])

Bei Gestaltung des Blankettes zu einem Wechsel darf der Ausfüllende die Blankettunterschrift nur in der Bedeutung ver-

---

[1]) Lehmann Seite 407; Bernstein Seite 62.

[2]) Vgl Voigt a. a. O. Seite 73.

[3]) R.O H.G. Bd. 23 Seite 212; R.G. Bd. 12 Seite 122.

wenden, in der sie erkennbarer Weise von dem Unterschreibenden gewollt ist. Hat der Blankettzeichner also seinen Namen etwa auf einem geschäftsüblichen Wechselformulare an der für die Unterschrift des Ausstellers herkömmmlicherweise bestimmten Stelle geschrieben, so ist der Blankettnehmer nicht befugt, seinen Namen als Aussteller darüber zu setzen und der Blankettunterschrift dadurch die Bedeutung eines Acceptes zu geben.[1,2])

2. Im Uebrigen geht das Ausfüllungsrecht vermuthungsweise nur auf einen gemeingewöhnlichen Inhalt, beispielsweise nicht auf Herstellung eines Domizilwechsels.[3]) Die Ertheilung der Berechtigung, den Wechsel zu domiziliren, bedarf jedoch nicht der Ausdrücklichkeit,[4]) vielmehr kann dieselbe aus blossen Umständen, z. B. dem Nichtverbote bei einer dem Blankettnehmer bekannten auf Domizilirung an bestimmter Stelle gehenden Geschäftsübung des Blankoacceptanten geschlossen werden.[5])

II. Uebertragbarkeit des Ausfüllungsrechtes.

1. In Konsequenz ihrer Auffassung des Ausfüllungsrechtes als eines gewöhnlichen civilrechtlichen Vermögensrechtes[6]) haben die obersten Gerichtshöfe entschieden, dasselbe sei nicht als ein höchstpersönliches Recht aufzufassen, sondern könne im Zweifel von dem ersten Nehmer des Blankettes auf andere übergehen bezw. übertragen werden.[7])

Diese Rechtsmeinung ist von der gesammten neueren Litteratur adoptirt werden.

---

[1]) R.G. Bd. 12 Seite 122 fg.

[2]) Doch ist dies nicht etwa Verfälschung des Wechselkontextes, wofür Bernstein (a. a. O Seite 64) es zu halten scheint.

[3]) R.O.H.G. Bd. 14 Seite 385; Bd. 15 Seite 432; Bd. 23 Seite 212; R.G. Bd. 13 Seite 62; Bd. 19 Seite 137.

[4]) R.O.H.G. Bd. 23 Seite 212; R.G. Bd. 18 Seite 115.

[5]) R.O.H G. Bd. 15 Seite 433; R.G. Bd. 3 Seite 63; R.G. bei Bolze 13 No. 308.

[6]) Vgl. oben §. 4.

[7]) R.O.H.G. Bd 14 Seite 382; R.G. Bd. 8 Seite 58; Bd. 32 Seite 71.

Nur Voigt[1]) meint den Ansichten der Judikatur über diese Frage entgegentreten zu müssen und wünscht das Ausfüllungsrecht als ein höchstpersönliches, an der Person des Blankettempfängers haftendes Recht, anerkannt zu sehen.

Die Erwägungen, die ihn zu diesem Postulate veranlassen, sind einmal rechtlicher und zweitens sachlicher Natur. Vom Standpunkte des geltenden Wechselrechtes aus macht er geltend, dass frei übertragbare Wechselblankette den Charakter von Inhaberpapieren haben würden, deren Kreirung Privaten nach den Bestimmungen des Civilrechtes nicht ohne besondere Konzession zu gestatten sei. Sie würden Wechsel au porteur darstellen und solche sind in den Verhandlungen der Leipziger Konferenz ausdrücklich als unzulässig bezeichnet.[2])

Hiergegen ist anzuführen, dass erstens nur in dem Falle eine solche Indentifizirung von Wechselblanketten mit Inhaberpapieren anscheinend motivirt sein könnte, wenn der das Ausfüllungsrecht übertragende Blankettnehmer nicht vorher seinen Namen als Aussteller auf das Papier geschrieben, sondern dasselbe einfach weiter begeben hat, so dass der Rechtsnachfolger seinen eigenen Namen einzutragen oder auch das Papier seinerseits wieder, ohne selbst die Ausstellerhaftung übernommen zu haben, zu begeben, in der Lage ist.[3]) Ferner aber hat das Reichsgericht[4]) doch sehr mit Recht gegen Voigt darauf hingewiesen, dass der Blankettverpflichtete nicht jedem Inhaber zu haften verspreche, sondern nur dem aus dem ausgefüllten Wechsel legitimirten Inhaber. Wir können hinzufügen: nur dem durch den Rechtstitel des Ausfüllungsvertrages direkt oder indirekt legitimirten Gläubiger ist der Blankettzeichner zu zahlen verpflichtet,

1) A. a. O. Seite 76 fg.

2) Protokolle d. Leipziger Konferenz, Leipziger Ausgabe, Seite 11.

3) Hiergegen wendet sich auch Gad in Goldschmidt's Zeitschrift Bd. XV Seite 97 fg. und bestreitet dem dritten Erwerber des Blankettes, der sich selbst als Aussteller einträgt, den redlichen Erwerb des Gläubigerrechtes.

4) R.G. Bd. 8 Seite 59 fg.

so dass also von der Analogie mit einem Inhaberpapiere für das Wechselblankett nicht viel übrig bleibt.

Wenn Voigt dann zweitens auf das Materielle der Sache sich beziehende Argumente für seine Ansicht vorbringt und namentlich sich darauf stützt, dass Blankettbegebungen unabhängig von zu Grunde liegenden civilrechtlichen Geschäften undenkbar seien, so ist schon oben[1]) dargelegt worden, dass eine solche Abhängigkeit keineswegs immer vorhanden zu sein braucht. Ausserdem steht es in solchem Falle dem Blankettverpflichteten frei, eine Uebertragung des Ausfüllungsrechtes bezw. Weiterbegebung des Blankettes vor der Ausfüllung vertragsmässig auszuschliessen.

Darin allerdings ist Voigt zuzustimmen, dass der Blankettzeichner nicht schutzlos fremder Willkür überlassen werden darf,[2]) und dass eine willkürliche Ausfüllung der offenen Theile des Blankettes durch Dritte, mit denen der Blankettgeber keinen Vertrag geschlossen, nimmermehr diesen Ausfüllenden selbst Wechselrechte gegen jenen verleihen kann. Doch wird dies von der massgebenden Judikatur garnicht behauptet, sondern würde sich höchstens als eine Konsequenz der oben bekämpften Ansicht von dem Bestehen eines Transporteffektes der Blankettunterschriften darstellen.

2. Im Einzelnen gestaltet sich nun die Uebertragung des Ausfüllungsrechtes, die also gewohnheitsrechtlich im Zweifel als von den Vertragskontrahenten gewollt anzusehen ist, folgendermassen:

a) Stirbt der Ausfüllungsberechtigte, so geht das Ausfüllungsrecht kraft Gesetzes auf seine Erben über.[3]) Ebenso würde auch ein Nachlassverwalter oder Testamentsvollstrecker das Blankett für den Nachlass durch Ausfüllung verwerthen können.

b) Das Ausfüllungsrecht ist ferner durch den Konkursverwalter auszuüben, wenn der Inhaber des Rechtes in Konkurs ge-

---

[1]) Oben §. 5 C.

[2]) Voigt a. a. O. Seite 77, 78.

[3]) O.Trib. Bd. 58 Seite 333; R.O.H.G. Bd. 13 Seite 299, Bd. 14 Seite 54; R.G. Bd. 8 Seite 59, Bd. 33 Seite 44.

rathen ist.[1,2]) Auch kann einem Vollstreckungsgläubiger des Blankettnehmers das Ausfüllungsrecht überwiesen werden. Es ist besonders zu bemerken, dass Beide — Konkursverwalter, wie Vollstreckungsgläubiger — die Wahl haben, ob sie selbst ausfüllen oder durch den Kridar beziehungsweise Vollstreckungsschuldner die Ausfüllung vornehmen lassen wollen.[3])

c) Der wichtigste Punkt ist die Zulässigkeit der Uebertragung des Ausfüllungsrechtes durch freiwillige Veräusserung seitens des Blankettnehmers.[4]) Eine solche Uebertragung vollzieht sich selbstverständlicher Weise durch Cession, als desjenigen Rechtsaktes, durch welchen civilrechtliche Rechtsansprüche übergehen.[5])

Die Uebergabe des Blankettschriftstückes ist nothwendige Voraussetzung des Rechtsüberganges, kann sogar unter Umständen schon als Beweis für die Uebertragung des Ausfüllungsrechtes gelten.[6])

Diese Uebertragbarkeit des Ausfüllungsrechtes macht die Wechselblankette in der That zu negoziablen Papieren, welche durch viele Hände gehen können, ehe sie ausgefüllt werden.[7]) Inhaberpapiere sind sie deswegen aber noch nicht.

---

1) R.O.H.G. Bd. 17 Seite 211.

2) Das preussische Obertribunal wollte früher (Entsch. Bd. 35 Seite 445) das Ausfüllungsrecht dem Konkursverwalter versagen, „da dieser das Wechselgeschäft so übernehmen müsse, wie es zur Zeit der Konkurseröffnung in dem Papier dargestellt vorliege. Nun sei zu dieser Zeit der Wechsel aber doch ungültig.“ Doch der Konkursverwalter übernimmt keinen ungültigen Wechsel, sondern ein Blankett, und wenn er dies im Interesse der Konkursmasse ausfüllt und verwerthet, handelt er sicherlich innerhalb seiner Befugnisse.

3) R.O.H.G. Bd. 14 Seite 59 fg.

4) R.O.H.G. Bd. 6 Seite 51, Bd. 14 Seite 383, Bd. 25 Seite 16.

5) Ebenso Bernstein Seite 62, Voigt Seite 78.

6) Vgl. oben §. 6 A.

7) R.O.H.G. Bd. 6 Seite 51.

d) Die Uebertragung des Ausfüllungsrechtes ist auch in der Weise zulässig, dass der erste Nehmer einen Theil des offenen Blankettes ausfüllt und den Rest einem Anderen zur weiteren Ergänzung überlässt.[1]) Namentlich wird der erste Nehmer häufig das Blankett mit seinem Namen als Aussteller unterzeichnen, dann giriren[2]) und dem Giratar das Recht übertragen, die noch offenen Theile des Papieres nun seinerseits vertragsgemäss auszufüllen. Unter Umständen kann hier schon das (Voll-) Giro die Cession des Rechtes beweisen, so dass dann garnicht einmal eine Uebertragungshandlung erforderlich wäre, um den Giratar zur Ausfüllung zu legitimiren.

III. Erlöschen des Ausfüllungsrechtes.

1. Ein Erlöschen des Ausfüllungsrechtes muss nach den obigen Ausführungen, welche den Ausfüllungsvertrag als ganz und gar in Abhängigkeit befindlich von der Thatsache der Herstellung und des Vorhandenseins einer Blanketturkunde bezeichneten,[3]) zunächst mit Sicherheit angenommen werden, sobald das Blankett vernichtet, amortisirt oder zurückgefordert ist.

Ebenso ist das Ausfüllungsrecht nach einmaliger Ausfüllung des Blankettes, durch welche ein gültiger Wechsel kreirt ist und somit das Blankett als solches seine Existenz verloren hat, zwar nicht erschöpft oder erloschen, wohl aber thatsächlich in seiner Ausübung gehemmt.[3])

2. Durch Verjährung muss das Ausfüllungsrecht als gemeinbürgerliches Vermögensrecht ebenfalls erlöschen, und zwar offenbar nach der gewöhnlichen Verjährungsfrist von 30 Jahren. Es ist dies namentlich zu beachten zur Unterscheidung des Aus-

---

[1]) R.G. Bd. 32 Seite 71

[2]) Wechselblankette sind indossabel; vgl. R.G. Bd. 28 Seite 63; Lehmann Seite 411; Staub Seite 42.

[3]) Vgl. oben §. 7

füllungsrechtes von der faktischen Möglichkeit, das Blankett auszufüllen und einen objektiv gültigen Wechsel daraus hersustellen, von der wir oben[1]) sagten, sie könne durch Zeitablauf nicht endigen.

3. Ob endlich das Ausfüllungsrecht durch Widerruf enden könne, ist eine Frage, die sich vom Standpunkte des geltenden Gewohnheitsrechtes aus von selbst beantwortet: das Ausfüllungsrecht als wohlerworbenes vermögenswerthes Recht ist der Einwirkung durch einseitigen Widerruf entzogen.[2]) Der Fall, für den Lehmann[3]) die Widerruflichkeit annehmen will – wenn nämlich die Ausfüllung im Interesse des Blankettzeichners, nicht des Blankettnehmers erfolgen solle —, charakterisirt sich einfach als gewöhnlicher Auftrag zur Ausfüllung, ist also von dem Rechtsgeschäfte der Blankettverpflichtungsübernahme der inneren Natur nach verschieden.

1) Vgl. oben §. 7.

2) R.O.H.G. Bd. 13 Seite 300, Bd. 17 Seite 212.

3) Lehmann Seite 408.

§. 10.

Die Verletzung des Ausfüllungs-Vertrages.

I. Die Verletzung des Ausfüllungs-Vertrages als Begründung einer Einrede gegen die Wechselklage.

Dasselbe Gewohnheitsrecht, das den gutgläubigen dritten Erwerber des ausgefüllten Wechsels gegen jede Bedrohung seines Rechtes durch Einreden, die sich auf die Begebung der verpflichtenden Unterschrift als Blankett, sowie weiterhin auf die Verletzung der über die Art und Weise der Ausfüllung getroffenen Verabredungen stützten, gesichert hat,[1]) lässt den Einwand des dolus aus dem Ausfüllungsvertrage gegen Jeden zu, der mit einer solchen dolosen Ausfüllung irgendwie in Verbindung steht.

Wie oben ausgeführt, ist eben eine Einrede aus dem civilrechtlichen Ausfüllungsvertrage stets nur als exceptio in personam zulässig, da, dem Wesen der Blankettverpflichtung entsprechend, eine abredewidrige Ausfüllung die gültige Entstehung der Wechselobligation nicht hindert und folglich niemals einen aus dem Wechselrechte selbst hervorgehenden Einwand begründen kann, Die hierauf bezüglichen Gerichtsentscheidungen[2]) sind in der Hauptsache im Einklange mit der gesammten neueren Litteratur nur in einigen Besonderheiten finden sich Differenzpunkte.

---

[1]) Vgl. oben §. 5B.

[2]) R.O.H.G. Bd. 6 Seite 45, Bd. 7 Seite 223, Bd. 14 Seite 386; R.G. Bd. 2 Seite 97, Bd. 19 Seite 136, Bd. 23 Seite 109, Bd. 33 Seite 44.

Die herrschenden Grundsätze finden sich am Klarsten ausgesprochen in einer Entscheidung des Reichsoberhandelsgerichtes, wo es folgendermassen heisst:[1])

„Auch begründet die nackte Thatsache der späteren ohne Wissen und Willen des Acceptanten erfolgten Ausfüllung, für sich genommen, keineswegs einen jedem Nehmer entgegenstehenden Einwand, vielmehr nur die vertragswidrige Ausfüllung des Blankettes eine lediglich demjenigen Nehmer nachtheilige Einrede, welcher selbst die Ausfüllung rechtswidrig bewirkt, oder an der Vertragswidrigkeit theilgenommen, oder doch beim Erwerbe des bereits ausgefüllten Wechsels um den Vertrauensmissbrauch gewusst hat —, somit nur eine dem bösgläubigen Nehmer entgegenstehende exceptio doli.“

Es sind hier also drei Fälle unterschieden, in welchen eine derartige Einrede gegen den Wechselgläubiger geltend gemacht werden kann:

1. wenn er selbst rechtswidrig die Ausfüllung vorgenommen,
2. wenn er an der Vertragswidrigkeit theilgenommen,
3. wenn er beim Erwerbe des bereits ausgefüllten Wechsels um den Vertrauensmissbrauch gewusst hat.

Alle drei Fälle werden dann zusammengefasst in dem Ausdrucke: „der bösgläubige Nehmer“, womit gesagt ist, dass die anderen Bezeichnungen sich unter den Begriff der Bösgläubigkeit subsummiren lassen müssen.

1. Grade aus dieser letzten hier aufgestellten Voraussetzung für die Anwendbarkeit der exceptio doli — der Böswilligkeit — ergiebt sich die erste Frage, die hier streitig ist: Es ist nämlich möglich, dass ein späterer Inhaber des Blankettes dieses rechtswidrig, d. h. gegen den Inhalt des Vertrages, ausfüllt und dennoch anscheinend gutgläubig ist. Dieser Fall kann z. B. eintreten, wenn der erste Nehmer des Blankettes, mit dem der Blankettzeichner den Ausfüllungsvertrag geschlossen hat, das Blankett

---

[1]) R O.H.G. Bd. 6 Seite 45.

einem Dritten begeben, diesem aber falsche Angaben über den Umfang seines Ausfüllungsrechtes gemacht hat, ihm vielleicht gesagt hat, er dürfe die Tratte domiziliren, während diese Befugniss in dem ihm vertragsmässig übertragenen Ausfüllungsrechte nicht enthalten war.

Füllt der dritte Erwerber des Blankettes dasselbe nun aus und setzt einen Domizilvermerk hinzu, so handelt er in gutem Glauben aber rechtswidrig, d. h. entgegen den Bestimmungen des Ausfüllungsvertrages.

Nun geht die eine Meinung, sich stützend auf den oben[1]) besprochenen angeblichen Transporteffekt der Blankowechsel-Erklärungen, dahin: der redliche Erwerber des Blankettes sei aus dem Blankette selbst zu beliebiger Ausfüllung legitimirt, nur bei Wissenschaft von der Rechtswidrigkeit könne ihm ein Einwand entgegengehalten werden, jedenfalls niemals nur deswegen, weil ein solcher Einwand seinem Vormanne entgegengestanden hätte.[2])

Ebensowenig lässt sich der Zwiespalt durch die Erwägung lösen, das Ausfüllungsrecht gehe durch Cession über, folglich ständen dem Cessionar die Einwände entgegen, die der Schuldner gegen den Cedenten gehabt hätte.[3]) Mit Recht führt Bernstein[4]) aus, dass nur bis zur Ausfüllung das Verhältniss von Cedent und Cessionar für den Uebergang von Einreden bestimmend sein könne, nach geschehener Ausfüllung aber die Zulassung von Einreden sich nach der Wechselordnung (Art. 82) selbst bestimme und dass folglich eine exeptio doli gegen den gutgläubigen dritten Ausfüller dem Blankettverpflichteten nicht zustehe.

Trotzdem erscheint es doch durchaus geboten, den Blankettverpflichteten dagegen zu sichern, einem Gläubiger haften zu müssen, der in offenem Widerspruch zu dem von ihm geschlossenen Ausfüllungsvertrage — wenn auch selbst ohne betrügerische Ab-

---

1) Vgl. §. 6 A.

2) Staub Seite 41, Canstein Seite 271.

3) Voigt a. a. O. Seite 78.

4) Bernstein Seite 62, 63.

sicht — ausgefüllt hat. Dies dürfte möglich sein, wenn man an das Erforderniss des Rechtstitels denkt, auf dem die Ausfüllung beruhen muss, um dem Ausfüllenden ein wirksames Gläubigerrecht zu verschaffen.[1]) Ein solcher Rechtstitel, der, wie oben gezeigt, nur in der direkten oder indirekten Legitimation durch den vom Blankettzeichner geschlossenen Vertrag bestehen kann, fehlt in unserem Falle dem Ausfüllenden. Das Ausfüllungsrecht, das ihm übertragen war, war nicht das vertragsmässige; also entbehrt seine Ausfüllungshandlung des Rechtstitels, und er kann mit dem Einwande mangelnder Aktivlegitimation zurückgewiesen werden.[2])

2. Was den zweiten Fall, in dem das Reichsoberhandelsgericht die exceptio doli geben will, betrifft — „wer an der Vertragswidrigkeit theilgenommen hat" —, so ist zu bemerken, dass hierfür im Allgemeinen die Grundsätze vom versteckten Prokuraindossament zur Anwendung kommen.[3]) Es kann auch bei dem Verkehre mit Wechselblanketten sich ereignen, dass der Ausfüllungsberechtigte einen Anderen ausfüllen lässt, nur um dem Schuldner die Einreden, die ihm gegen ihn selbst zustehen würden, abzuschneiden; so, wenn Konkursverwalter oder Vollstreckungsgläubiger mit ihrem eigenen Namen das Blankett ausfüllen, das dem Kridar bezw. Vollstreckungsschuldner nur aus Gefälligkeit oder unter Voraussetzung seiner Zahlungsfähigkeit gegeben war.[4])

3. Ferner hat der dritte der vom Reichsoberhandelsgericht normirten Fälle, in denen die exceptio doli einzugreifen hätte: „wenn der Erwerber des bereits ausgefüllten Wechsels um den Vertrauensbruch gewusst hat", einen Angriff erfahren durch einen Aufsatz von Römer im XX. Bande der Goldschmidt'schen Zeitschrift.

Es erscheint in der That einleuchtend, dass eine Einrede, die sogar durch l. 19 D. de novat. 46, 2 gegen den Delegatar ver-

---

1) Vgl. oben § 6 A.

2) Vgl. Bernstein Seite 60.

3) Bernstein Seite 62; Staub Seite 41.

4) Bernstein Seite 62; Dernburg Seite 829 Anm. 13

sagt wird, nicht wohl gegen den Indossator geltend zu machen sein wird.[1])

4. Eine sehr wichtige Modifikation der Einrede abredewidriger Ausfüllung liegt darin, dass in dem Falle, dass doloser Weise die Ausfüllung zum Schaden des Blankettverpflichteten z. B. durch Erhöhung der Summe, Vorrückung des Fälligkeitsdatums etc. vorgenommen worden ist, nicht die Verpflichtung des Unterzeichneten überhaupt aufhört, sondern der Schuldner nach Massgabe des von ihm eingegangenen Vertrages, also auf die geringere Summe bezw. nur zu dem späteren Termine haftet.[2])

II. Die Verletzung des Ausfüllungsvertrages als Begründung eines civilrechtlichen Regressanspruches.

Die Frage, ob der aus dem Vertrage zur Ausfüllung Berechtigte dem Blankettzeichner regresspflichtig sei für Schaden, der jenem durch Verletzung des Vertragsinhaltes zugefügt worden ist, kommt zur Hebung, sobald der durch Vertragsbruch hergestellte Wechsel in dritte gutgläubige Hände gekommen ist, so dass der Blankettzeichner sich der Wechselklage durch keinerlei Einrede mehr entziehen kann.

In diesem Falle erscheint es als das nothwendige und selbstverständliche Korrelat zu der im Interesse der Sicherheit des Wechselverkehres durchgeführten wechselmässigen Haftung des Blankettzeichners gegenüber dem gutgläubigen Dritten, dass er sich seines Schadens halber bei seinem Kontrahenten erhole.[3])

Denn diesem Kontrahenten hat der Blankettzeichner zunächst sein Vertrauen geschenkt und bei jeder missbräuchlichen Benutzung des Blankettes muss er sich zunächst an diesen halten.

Der Satz, den Voigt aufstellt,

„Eine jede gleichviel von wem ausgegangene Geltend-

---

[1]) Goldschmidt's Zeitschrift Bd. XX, Seite 67 fg.

[2]) R.G. Bd. 23 Seite 110.

[3]) Voigt a. a. O. Seite 72.

machung des durch Ausfüllung zum Wechsel umegwandelten Blankettes, das der demselben zu Grunde liegenden Vereinbarung, sei es unmittelbar, sei es mittelbar in Berücksichtigung später eingetretener Umstände, zuwiderläuft und zum Nachtheil des Acceptanten gereicht, steht zur Verantwortung des Blankettempfängers",

dürfte wohl zu adoptiren sein. Nur bedarf er einer Ergänzung dahin, dass, wenn man — anders, wie Voigt — eine Uebertragung des Ausfüllungsrechtes auf Dritte zulassen will, man dem ersten Nehmer des Blankettes wieder einen entsprechenden Regressanspruch gegen seinen Cessionar und so fort jedem gegen seinen unmittelbaren Rechtsnachfolger geben muss.

Wenn Lehmann[1]) eine Haftung des Ausfüllungsberechtigten mit der actio mandati konstruiren will, so erledigt sich das durch den oben[2]) erbrachten Nachweis, dass der Ausfüllungsvertrag ein Mandat nicht ist.

---

1) Lehmann Seite 409.

2) Oben §. 4.

§. 11.

Die Beweislast.

Bei der Normirung der Beweislast im Falle der Klage aus einem Wechsel, der als Blankett begeben war, werden aus der eigenthümlichen rechtlichen Doppelnatur der Blankettverpflichtung die praktischen Konsequenzen gezogen.

1. Liegt ein äusserlich tadelloser Wechsel vor,[1]) so hat der Haftpflichtige stets die Beweislast, wenn er irgend eine Einrede vorbringt, die seine wechselmässige Haftung ausschliessen soll. Denn — mag auch ein Dieb oder sonst eine unlegitimirte Person und zwar in einer Weise ausgefüllt haben, die den Blankettzeichner aufs schwerste in seinem Vermögen schädigt — so handelt es sich doch um einen formgerechten Wechsel, und der Unterschriebene haftet nach dem Inhalte dieser Urkunde.

So hat der Blankettzeichner gegenüber der äusserlich einen formgerechten Wechsel darstellenden Urkunde zunächst zu beweisen, dass er seine Namenszeichnung auf derselben in blanco begeben habe, falls er aus dieser Thatsache Rechte herleiten will.[2])

2. Steht die Begebung als Blankett fest, so scheidet sich die Normirung der Beweislast nach den Naturalien des Ausfüllungsvertrages.

---

[1]) Zunächst hat der Richter von Amtswegen zu untersuchen, ob die vorgelegte Urkunde äusserlich als gültiger Wechsel erscheint; sonst ist die Klage a limine im Wechselprozesse abzuweisen.

[2]) R.O.H.G. Bd. 3 Seite 51.

a) Enthält der Klagewechsel einen gemeingewöhnlichen Inhalt und der Blankettzeichner behauptet eine Vertragsabrede, die ihm besonders günstig, dem Kläger besonders nachtheilig ist, so hat er, der Beklagte, die Beweislast.[1])

b) Enthält die Urkunde dagegen Bestandtheile, die jene durch das Gewohnheitsrecht dem Ausfüllenden gezogenen Grenzen überschreiten, die also ohne besondere Abrede nicht dem Blankette eingefügt werden durften, so hat bei einem Bestreiten der Berechtigung seitens des Schuldners, der Kläger, also der Ausfüllende, eine besonders ihm ertheilte dahin gehende Ausfüllungsbefugniss zu beweisen.[2])

Eines solchen Beweises von Seiten des Klägers bedarf auch die Behauptung, dass seine Unterschrift, wenn an der für die Ausstellerunterschrift üblichen Stelle eines Formulars befindlich, die Bedeutung eines Acceptes haben solle.[3,4])

---

1) R.G. Bd. 8 Seite 58.

2) R.O.H.G. Bd. 21 Seite 330; R.G. (in Strafsachen) Bd. 4 Seite 412.

3) R.G. Bd. 12 Seite 122; vgl. auch oben §. 9.

4) Vgl. über die Beweislast: Voigt a. a. O. Seite 74.

Litteraturangabe.

Entscheidungen des Reichsoberhandelsgerichts. Abgekürzt: R.O.H.G.
Entscheidungen des Reichsgerichts in Civilsachen. Abgekürzt: R.G.
Entscheidungen des Reichsgerichts in Strafsachen. Abgekürzt: R.G. (Strafsachen).
Entscheidungen des Geheimen Ober-Tribunals. Abgekürzt: O.Tr.

Archiv für deutsches Wechselrecht. Herausgegeben von Siebenhaar und Tauschwitz.
Bolze: Praxis des Reichsgerichts in Civilsachen.
Busch: Archiv für Theorie und Praxis des Allgemeinen Deutschen Handels- und Wechselrechtes.
Gelpke: Zeitschrift für Handelsrecht.
Goldschmidt's Zeitschrift für das gesammte Handelsrecht.
Gruchot's Beiträge zur Erläuterung des deutschen Rechtes.
Löhr's Centralorgan für deutsches Handelsrecht.
Striethorst: Archiv für Rechtsfälle des Obertribunals.
Wochenschrift für Aktienrecht und Bankwesen. Herausgegeben von Holdheim.

Bernstein: Allgemeine deutsche Wechselordnung. — Allgemeine Wechselordnung für die K. K. österreichischen Staaten. Breslau 1896.
Beseler: System des deutschen Privatrechtes. Stuttgart 1885.

Borchardt: Allgemeine deutsche Wechselordnung mit Kommentar. 8. Auflage. Berlin 1882.

Borchardt im Archiv. Band III Seite 383 fg.

v. Canstein: Lehrbuch des Wechselrechtes. Berlin 1890.

Cosack: Lehrbuch des Handelsrechtes. 3. Auflage. Stuttgart 1895.

Dernburg: Lehrbuch des Preussischen Privatrechtes. 4. Auflage. Halle 1888.

Gad in Goldschmidt's Zeitschrift. Band 16 Seite 97.

Gelpke in seiner Zeitschrift. Heft II Seite 168 fg.

Hartmann: Deutsches Wechselrecht. Berlin 1869.

Hoffmann: Ausführliche Erläuterung der Allgemeinen deutschen Wechselordnung. Giessen 1859.

Kitka fm Archiv: Band IV Seite 124 fg.

Kowalzig: Allgemeine deutsche Wechselordnung. Berlin 1882.

Kuntze und Brachmann: Deutsches Wechselrecht in Endemann's Handbuch des deutschen Handels-, See- und Wechselrechtes. Band IV, 2. Abtheilung. Leipzig 1884.

Kuntze: Deutsches Wechselrecht auf Grundlage der allgemeinen deutschen Wechselordnung und der Nürnberger Novellen. Leipzig 1862.

Lehmann: Lehrbuch des deutschen Wechselrechtes. Stuttgart 1886.

Merfeld: Die Kraftloserklärung von Wechselblanketts durch Ausschlussurtheil, in Gruchot's Beiträgen. Band XXXII Seite 278 fg.

Platner im Archiv für deutsches Wechselrecht. Band IV Seite 307 fg.

Rehbein: Kommentar zur allgemeinen deutschen Wechselordnung. 3. Auflage. Berlin 1886.

Römer: Goldschmidt's Zeitschrift. Band XX.

Schmidt, Richard: Blankowechsel und Blankoaccept in der Wochenschrift für Aktienrecht und Bankwesen. 6. Jahrgang. Seite 90 fg.

Senkpiehl: Das Blankoaccept, Inaugural-Dissertation. Greifswald 1896.

Sohm: (Vertragsschluss unter Abwesenden und mit einer persona incerta) in Goldschmidt's Zeitschrift. Band XVII.

Späing: Französisches, Belgisches und Englisches Wechselrecht. Berlin 1890.

Staub: Kommentar zur allgemeinen deutschen Wechselordnung. 2. Auflage. Berlin 1896.

Thöl: Das Handelsrecht. 4. Auflage. Leipzig 1878.

Thöl: Protokolle der Leipziger Wechselordnung-Konferenz. Göttingen 1866.

Treitschke: Encyclopädie des Wechselrechtes. Leipzig 1831.

Voigt: (Die Rechtsfolgen der Vollziehung und Hingabe von Blankettaccepten) in Busch's Archiv für Theorie und Praxis des Handelsrechts. Band XXXXI Seite 69 fg.

Wächter: Wechselrecht des deutschen Reiches. Stuttgart 1883.

Druck von A. W. Hayn's Erben in Potsdam.

FSC
www.fsc.org
MIX
Papier | Fördert
gute Waldnutzung
FSC® C083411

Kolibri 360 GmbH
Ferdinand-Jühlke-Straße 7
99095 Erfurt, Deutschland
produktsicherheit@kolibri360.de